Practical Application of Feynman Le

费曼学习法实战

如何成为**一个会学习的人**

佘雪梨 著

北京大学出版社
PEKING UNIVERSITY PRESS

内 容 提 要

本书以"如何成为一个会学习的人"为核心，巧用费曼学习法的精髓，结合作者多年来的实操案例，从学生和家长两个角度，介绍了如何规划升学、建立学习目标、提升学习动力、调整学习方法、培养学习习惯、优化亲子关系。本书分为8章，涵盖的主要内容有费曼学习法的概念、费曼学习法使用误区、费曼学习法在教育规划中的应用、用费曼学习法提升底层能力、用费曼学习法学好语、数、外三门主科、用费曼学习法提高写作业和练习的效率、用费曼学习法轻松应对考试、从今天开始使用费曼学习法等。

本书内容通俗易懂，实操性强，非常适合0~18岁的孩子及孩子的父母阅读。

图书在版编目（CIP）数据

费曼学习法实战：如何成为一个会学习的人 / 佘雪梨著. — 北京：北京大学出版社，2023.6
ISBN 978-7-301-33945-9

Ⅰ.①费… Ⅱ.①佘… Ⅲ.①学习方法 Ⅳ.①G791

中国国家版本馆CIP数据核字(2023)第071425号

书　　　名	费曼学习法实战：如何成为一个会学习的人
	FEIMAN XUEXI FA SHIZHAN：RUHE CHENGWEI YI GE HUI XUEXI DE REN
著作责任者	佘雪梨　著
责任编辑	王继伟　刘羽昭
标准书号	ISBN 978-7-301-33945-9
出版发行	北京大学出版社
地　　　址	北京市海淀区成府路205号　100871
网　　　址	http://www.pup.cn　　新浪微博：@北京大学出版社
电子信箱	pup7@pup.cn
电　　　话	邮购部 010-62752015　发行部 010-62750672　编辑部 010-62570390
印　刷　者	三河市博文印刷有限公司
经　销　者	新华书店
	880毫米×1230毫米　32开本　5.875印张　156千字
	2023年6月第1版　2023年6月第1次印刷
印　　　数	1—4000册
定　　　价	38.00元

未经许可，不得以任何方式复制或抄袭本书之部分或全部内容。
版权所有，侵权必究
举报电话：010-62752024　电子信箱：fd@pup.pku.edu.cn
图书如有印装质量问题，请与出版部联系。电话：010-62756370

前言
PREFACE

费曼学习法是什么

很多人说，费曼学习法是一个很简单的概念，它只是一种学习方法，而这种方法不过是由几个简单的关键词——目标、输入、消化、输出、复盘——构成的。我在写这本书之前，也读过很多本关于费曼学习法的书，读得越多我越发现，可以应用费曼学习法的场景数不胜数。就拿"目标"这个关键词来说，学一门课程需要目标，读一本书需要目标，做一件事需要目标，就连我们决定出去玩，出发之前也要有一个目标。再拿"输入"与"输出"来说，我们听了一节课、读了一本书是输入，把从课堂上或书本里学到的内容分享给别人就是输出；我们看了一部电影是输入，回家以后洋洋洒洒地写了一篇观后感是输出；哪怕是前一天从别人那里听了一个段子，第二天把这个段子融入课堂中，也是一个从输入到输出的过程。

作为一名投身教育行业多年的工作者，费曼学习法于我而言是一个非常好用的工具。最初我发现并使用了它，我的课堂效率可以翻倍，然后我就把它推荐给了其他老师；后来我发现自己可以在一对一的课程或咨询中使用这个方法，这样我既轻松，又能让学生通过输出进行深度思考；再后来，我发现自己可以把这个方法推荐给学生，让学生知道如何在学习生涯中的方方面面灵活地应用这个方法去听课、预习、复习、练习和考试。同时，我还发现，家长在和孩子互动的时候也可以使用费曼学习法，如在亲子阅读场景中，这个方法就能被"玩转"。

这样看来，虽然费曼学习法在讲一个很简单的道理，但大道至简，我们放眼四海，它的应用场景无处不在。

本书的特色

区别于其他有关费曼学习法的书，本书的使用对象聚焦于 0~18 岁的孩子和孩子的父母，这也是我在过往职业生涯中可以近距离观察的对象。同时，我在这本书中将费曼学习法的使用范围进行了扩展，可能在你的生活、学习的很多方面，它都可以发挥应有的作用，但是在读本书之前，你可能从来没有想过使用，也没有认真思考过它们之间的关联。在写本书的时候，我不断地梳理过往十年中和学生、家长打交道的细节，从中寻找学生和家长最关心的场景和问题。因此，当你读本书的时候，你会发现我将很多问题的答案与费曼学习法中的关键词进行了联系。书中涉及的具体方法非常实用，希望你能跟随这些场景，找到困扰你很久的问题的答案。

本书读者对象

- ◎ 小学生、初中生、高中生。
- ◎ 0~18 岁孩子的父母。
- ◎ 教育工作者和对教育感兴趣的人。

目 录
CONTENTS

第一章 费曼与费曼学习法

1.1 费曼是谁? /012

1.2 费曼学习法是什么? /015

1.3 费曼学习法对我们有什么用? /030

第二章 费曼学习法的误区

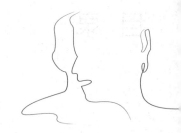

2.1 目标不清晰 / 038

2.2 伪输出 / 040

2.3 "学霸"给"学渣"讲题 / 043

2.4 思维导图的滥用 / 046

2.5 "我就是太粗心了,下次不会错" / 051

第三章 实战:
用费曼学习法做好教育规划

3.1 没有了补习班,激发动力做"学霸" / 062

3.2 "3岁看大,7岁看老",提前规划做"学霸" / 067

3.3 用好多元智能,发挥优势做"学霸" / 073

3.4 中考录取率五五开?提升能量做"学霸" / 081

3.5 拒绝"假努力",调整方法做"学霸" / 087

第四章 实战：用费曼学习法提升底层能力

4.1 世界上真的有过目不忘的神奇本领吗？ / 095

4.2 大语文时代，会读书的孩子有糖吃？ / 100

4.3 逻辑力 / 109

4.4 专注力 / 114

第五章 实战：用费曼学习法学习语、数、外

5.1 大语文时代，再用老方法就OUT了！ / 122

5.2 英语地位下降了？还真不是这样 / 133

5.3 数学要拿高分，你需要知道这些 / 141

第六章 实战：用费曼学习法提高作业效率

6.1 复习秒杀法 /148

6.2 多维输出法 /152

6.3 "学霸"作业法 /155

6.4 课后练习法 /160

6.5 主动预习法 /163

第七章 实战：用费曼学习法轻松应对考试

7.1 考前锦囊一：找准目标，有的放矢 /169

7.2 考前锦囊二：逐一梳理，稳中求胜 /172

7.3 考前锦囊三：编织成网，厚积薄发 /173

7.4 考前锦囊四：熟悉规则，快速提分 /175

7.5 考前锦囊五：巩固基础，化难为易 /177

7.6 考前锦囊六：活用错题，二次梳理 /178

7.7 考前锦囊七：每日模拟，输出不减 /180

7.8 考前锦囊八：万事俱备，从容应对 /181

第八章 用费曼学习法，从今天开始

8.1 我与费曼学习法　/185

8.2 你与费曼学习法　/187

8.3 我们与费曼学习法　/187

第一章
费曼与费曼学习法

2013年，我研究生毕业，从美国回来后阴差阳错一脚迈入教育行业，从此与"教书育人"有了不解之缘。就在那一年，我作为一名新老师站在讲台上，接受了无数业界名师的"灵魂拷问"。他们最常对我说的话是："你讲得太复杂了，能不能用通俗易懂的语言，一句话概括出来？"

我明白他们的意思，毕竟我也是在美国优秀的商学院被锤炼过的人，"言简意赅"是商业汇报的核心，也是教书讲课的核心。我试图用简短的语言重新讲述，可常常失败，要么是仍讲得啰唆，要么是讲得太简单，没有把知识点讲清楚。

三年以后，当学生给我做口头路演的时候，我最常对他们说的话也是："你讲得太复杂了，能不能用通俗易懂的语言，一句话概括出来？"

我不敢说我只用了短短三年就成了名师，但那时我的确比作为一名新老师时更能理解这句话背后的含义。我想，这份教育事业比任何优秀的商学院都更能教会我如何学习。为了在讲解知识点之余教学生一些学习方法，我开始研究费曼学习法，但最让我惊喜的其实是理查德·费曼这个人。有人说他最大的标签是"学霸"，有人说他智商卓越，但我认为，他最大的特质是坦诚。作为一个物理学家、诺贝尔物理学奖得主，当和毫无物理学基础的普通人谈论物理时，他能用普通人也听得明白的日常语言来表述一个复杂的概念，他认为这样才是真正的理解。他掌握的知识比我们大多数人都多，但他却坚持用我们普通人能听得懂的语言解释一切。

费曼是个有趣的人，要了解他的学习法，就要先了解他这个人。

1.1 费曼是谁？

前阵子"小镇做题家"火了。小镇做题家是指从小埋头苦读，非常擅长应试，以一己之力从小地方考到大城市，却缺乏资源和见识的贫寒学子。

之所以提到"小镇做题家",是因为接下来要讨论的主角——费曼——也是一个"小镇青年"。他的出身很普通,却成就了一番大业。同样来自"小镇",我很想知道他的经历有何不同。

费曼的父亲麦尔维尔·阿瑟·费曼从小对科学非常着迷,但迫于生活需要,他并没有机会走上科研之路。与大多数平凡的人一样,他做着不起眼的生意,卖过制服、汽车光蜡,开过洗衣店,勤勤恳恳、辛劳奔波。这样一位父亲是如何培养出举世闻名的诺贝尔奖得主的呢?在搜索费曼的童年经历时我发现,他的童年非常有趣,充满了对大自然的奇思妙想和父亲生动的讲解。这让他拥有了很多"小镇做题家"很难拥有的一样东西——求知欲。

1.1.1 家庭的影响

在《别闹了,费曼先生》一书中,费曼记载了他的童年趣事。

看见那只鸟了吗?那是一只短雉转鸣鸟,但是在德国它被叫作halzenfugel,在中国它被叫作 Chung Ling,即便你知道它所有的名字,你依然对这只鸟一无所知。你只是对人有一点理解罢了——你知道人们怎么叫这只鸟。现在你看,这只短雉转鸣鸟在歌唱,在教导幼鸟学习飞行,它在夏天横跨整个国家,横渡上万英里,但是没有人知道它是如何辨别方向的。

这是费曼的父亲对小时候的费曼说过的一段话。费曼的童年中,他的父亲时常会和他聊一些生活中能看到的事物,如花鸟鱼虫,又如一栋房子、一扇门,通常他的父亲不会用专业术语讲解,而是用故事化的语言,用比喻、拟人的方法生动有趣地描述一件事物,启发费曼深入观察、不断探索。并且,费曼的父亲时常通过各种例子传达一个道理:若知其然而不知其所以然,那么学知识就只是停留在表面,而没有真正地理解。

正是受到父亲的启发,费曼才对各种事物都充满兴趣,并且愿意用有趣的方式研究它们。他还从父亲那里学会了用通俗易懂的语言来表达生涩抽象的概念，这也为后来费曼学习法的发明奠定了坚实的基础。

1.1.2 从小镇青年到顽童大师

费曼是个兴趣爱好非常广泛的人，用"广泛"一词形容或许不太精确，他的兴趣爱好应该说是多样中带点怪癖。比如，在《费曼经典：一个好奇者的探险人生》一书中，费曼的好友拉尔夫·莱顿收录了费曼的 61 篇经典自传文章，读者能够看到，费曼竟然是这样一个人：在麻省理工学院捉弄同学，在普林斯顿大学与爱因斯坦对话，研发原子弹的同时开保险柜，学打鼓并加入森巴乐团，学画画、卖画、办画展，用冰水和夹子解密航天飞机事故……

我们都听过"有趣的灵魂万里挑一"。从费曼的自传中，我们能感受到他是一个快乐、有趣的人，像一个存在于我们身边的朋友，而非一个有距离感的名人。反观我们周围的人，无论是勤奋努力的学生，还是起早贪黑的打工人，抑或是光鲜靓丽的成功创业者，当他们聊起自己的故事时总是会赋予苦哈哈的色彩。12 年的求学生涯很苦，进入职场以后依然很苦，当了老板还是很苦。我想，这多少体现了"小镇做题家"的辛酸。

费曼却告诉我们，学习的过程并不是苦的，而是快乐的、有趣的。因为有趣，所以学习不应该浮于表面，而应该深入本质。于他而言，学习并不是学习本身，而是解谜。世界上的一切事物，只要是他没弄明白的，就是个谜，费曼要做的就是解开这些谜。在解谜的过程中，他享受到了极大的乐趣。比如，在 11 岁的时候，费曼有了自己的实验室——那不过是地下室的一个小角落，但他在里面玩得不亦乐乎，他自己装无线电，用几根管子、一些电线，装上两节电池，就能听很多有趣的节目。费曼觉得，这太有趣了。

1.1.3 一个科学家的修养：深入做学问

费曼虽然看起来很贪玩，但对于科学非常认真、严谨。哪怕是与权威专家波尔父子讨论原子弹，如果费曼认为对方说错了，也会毫不留情地指出来。在他心中，科学是深不可测的，要想解谜，就得先承认自己的无知。

费曼在加州理工学院任教期间，如果有学生对他说："这个知识我明白了！"费曼就会反问："真的吗？来，让我验证一下。"在他看来，很多学生之所以"高分低能"，就是因为学得太表面、不够深入，也不懂得如何将所学知识应用到实际生活中。费曼曾经应邀访问巴西，在那里，他发现很多学生能够准确地背诵书中的物理定律，但是只要换一个角度提问，他们就会蒙掉。我们的周围也有很多这样的学生，还没有上小学就会背唐诗三百首，识字量过千，计算 100 以内的加减法也不在话下，但是根本禁不起深度提问，因为他们只是将知识记在脑海中，却没有思考、理解、消化，更别提灵活应用了。

有人说，问题的根源出自我们的应试教育，是我们的考核模式出了问题，逼得学生不得不死记硬背。没错，其实关于这一点，教育部门已经意识到了相关问题，从"双减"到"2022 年新课标"，无一不反映着教育改革的目标。外部环境开始改变，我们的内部环境也要改变。

从费曼的故事中我们看到了家庭教育的重要性，看到了遵从兴趣的重要性，也看到了深度思考的重要性，这些就是我们可以改变的内部环境。内部环境包括老师、父母和学生三个方面，在后文中详细讨论费曼学习法的时候，我也将围绕这三个方面展开。

1.2 费曼学习法是什么？

费曼在普林斯顿大学读研究生的时候，发明了大名鼎鼎的费曼学习法。费曼学习法的原理很简单，就是选取一个概念，然后用尽量简洁的语言把这个概念给别人讲清楚，以"教"的方法来"学"。如果发现自己讲不出来，就回到源头，再去理解概念，等理解清楚后再讲给别人听，直到对方能听明白为止。

这看上去是一个非常简单的方法，或者说是一个非常简单的思维模式，它的核心是用输入帮助输出，用输出倒逼输入，从而形成一个循环。

那么，具体该怎么操作呢？我们在使用费曼学习法的时候，可以按照图1.1所示的步骤来执行。

图1.1　费曼学习法的步骤

1.2.1　目标：投入学习前，为何要描绘目标愿景图？

你有没有尝试过给自己设立一个清晰且可量化的目标？

很多老师会宣传费曼学习法的优点，也有很多老师在课堂上使用费曼学习法，但是，很多人忽略了费曼学习法最重要的一步——设立目标。之所以会忽略这一步，而从一个单一的知识点开始使用费曼学习法，是因为有一个理念已深入我们的大脑，即学习是一件终身的事。学习是为了获取知识、锻炼心智、提高审美和精神境界，很多人教育我们不要太功利，而应该沉浸在知识的海洋中，去感受爱、正义、自由和幸福。

终身学习的理念我也是认可的，但这并不妨碍我认为学习的目的是现实的、功利的，一名老师在新学期开始时会设立教学目标，一个优秀的学生会给自己设立下一阶段的学习目标。如果我们在使用费曼学习法时只是使用，而没有目标，那么我们大概率无法真正掌握它的精髓，我们在尝试使用一段时间后可能就会放弃它，因为我们并不觉得这个学习方法能给我们带来真正的帮助。

举个例子，我有个学生特别"迷信"各种各样的学习方法，为了提高学习成绩，他一直在摸索和尝试各种学习方法。当他知道了费曼学习法后，便迫不及待地开始使用。他是怎么做的呢？他想要测试自己有没有读进去一本书，于是，他把前一天刚读完的一本书拿出来，稍微浏览复习了一下，就跑去讲给他的好朋友听。第一次尝试失败了，这很正常，他回去后从头到尾又读了一遍，第二天他又去给那个朋友讲述书中的内容，但他在朋友迷惑的表情中发现自己讲得不是很清楚。他再次返工，到了第三次，朋友已经没有耐心听他讲，而他也不想再讲了。于是，他跑来找我，下了一个结论："老师，我觉得这个方法一点都不好用。"我问他："你为什么要拿这本书做试验呢？"他说："我就是随意拿的，不是说任何一个知识点、一门学问都可以吗？"我又问他："那你为什么想要读这本书呢？"他回答："就是闲暇时看一看，没有什么原因。"我继续问："你读这本书的目的是什么？"他答不出来了。

我们总是在忙忙碌碌地工作、学习，看似很努力、很有意义，但我们并不知道为什么要做这些。久而久之，这些事情就失去了意义，我们也陷入了迷茫。很多人在接触到一个新事物的时候也是如此，他们不知道目标是什么，就慌忙地验证这个新事物的可行性，最终做不下去或做不好时，反而来责怪这个新事物。

学生学习的目标很简单，也容易量化。如升学、留学、考证、学会一个章节、期末拿到好成绩，这些都是"功利性"的，我们不必为这个词感到不安，因为它不具有任何贬义色彩，它意味着我们要为了非常具体的结果而学习，这样我们才能感受到学习这件事情的意义，也才能更好地使用学习方法去实现目标。

以升学举例。很多家长之所以尝试了用各种各样的学习方法帮助孩子提升成绩，却依然感到迷茫，是因为家长和孩子都没有在最开始设立一个长远目标，并达成一致。我的学生中不乏父母希望孩子出国，孩子却一点儿都不想出去的案例；也有一些孩子特别想出国，但父母出于各种原因不希望孩子离自己太远的案例。无论是哪一种，孩子在学习的过程中总会遇到障碍，要么是学习动力不足，要么是心理能量不足，要么是家庭关系变差，这些障碍都会影响学习方法的贯彻实施，如图1.2所示。

图1.2 成功必备的三要素

说白了，费曼学习法只是众多学习方法中的一种，而学习方法在整个升学过程中只是其中的一种工具。为了让费曼学习法被更好地使用，我们需要在一开始就强调目标的设立。

那么，我们究竟要怎样设立目标呢？

第一，将愿景可视化。我们只有能非常细致地描述出自己的愿景，甚至可以清晰地说出达成目标后的感受、心情和行为时，我们才会有动力去执行，这就是愿景可视化。我们可以找一本杂志，把一些可以体现目标、愿景的画面剪下来，然后贴在愿景板上，并把愿景板放在我们常看到的地方，如书桌前、床前等，美好的画面可以激发我们的原动力。

第二，将大目标拆解成小目标。有了美好的愿景，我们还要把愿景拆分成一个个小目标。我们可以做一份计划表。我常常推荐学生在开学前做一份学期计划表，把时间按照月、周进行拆分，每完成一个任务，就在计划表中相应的位置画一个勾，以给自己一个正向的反馈。

切记，千万不要把目标设立得过大，过大的目标很容易让人望而生畏，最后的结果就是直接放弃。

畅销书《微习惯》的作者斯蒂芬·盖斯讲过他的一个亲身经历：他原本计划每天做30分钟俯卧撑，但发现根本无法完成，直到有一天他心想，随便吧，就做一个好了。因为没有心理负担，所以他在做俯卧撑的时候很放松，不知不觉就坚持了下来。而且每天只需要做一个就可以了，也没有任何时间限制，盖斯有时候睡不着，还会爬起来在地板上做几个俯卧撑。后来，盖斯在阅读和写作领域中同样应用了这种方法，写出了畅销书《微习惯》。我们可以把一些大目标量化，并落实到每周、每月的计划当中。

再举一个例子，我有个学生总是很难完成学习任务，久而久之，学习动力也不足，越学越没劲儿，即便是了解了费曼学习法，她还是不知道该怎么使用，因为她连输入环节（读书、听课、看视频等）都做不好，更别提后续的步骤了。我和她深入聊了聊，发现她最大的问题在于总是想得太远。她的理想是未来做一个医生，她知道她需要一步步读到博士，而且要保持很好的成绩，但是她现在才读到初中，离"未来"太远，她没有具体可落地的目标，也不懂得目标拆分，就只能浑浑噩噩地陷入空想当中。

我给她做了全方位的规划，就她的远大目标，一步步拆解到中考需要考入当地市重点中学，那么现在就要强化长板、弥补短板。她的长板是语文和英语，短板是数学，物理、化学、生物成绩属于中等水平。很多人给她的建议是，赶紧去补短板，找个数学名师补课，我却有不同的想法，我建议她先把语文和英语考到接近满分，这对于她并非遥不可及，并且由于她本身比较擅长语文和英语，整个过程不会太痛苦。在掌握了现有知识之后，还可以进行一部分"超纲学"。我不断帮她找回自信，在让她看到自身优势的过程中也给她明确了目标。

第一步：从长板入手，进一步强化，增强自信。具体而言就是每天背

50 个英语单词，对于语文错题要做好整理，同时加强课外阅读。

第二步：弥补短板。弥补的前提是，她已经足够相信自己能够搞定短板学科，这样一来就会事半功倍。这时候就可以调整原本的计划，把精力往短板学科上倾斜。拿数学来说，因为数学是主科，并且要想成为一个优秀的医生，数学思维必不可少，从功利的角度来看，数学成绩好也是刚需。当孩子的心理能量已经足够，将愿景与当下实际情况挂钩后，又可以进一步加强孩子的学习动力，如图 1.3 所示。我给案例中这位学生设置了假期每天做 20 道数学题的任务，并逐步加量。

图1.3　以目标为主线，树立正向反馈

在一步步的目标拆分和引导下，这位学生从年级 500 多名进步到了前 20 名，她更有动力和自信了。这时候，所有好的学习方法才能"喂"得进去，包括费曼学习法。

> **Tips**
>
> 人们常说，心中有目标，脑中有地图，脚下不会慌。设立目标只是第一步，最重要的是，我们要将目标具体化、可视化。

1.2.2 输入：怎样把知识有效地"吃"进去？

我有一位发小，我们在一个大院里长大，她的爸爸是老师，所以家里的书柜里放满了各种各样的书籍，但是我的这位发小却一点儿都不喜欢读书，每次我去她家玩，她爸爸都要当着我的面数落自己的女儿，还要她向我学习。可想而知，她爸爸的这一番"好意"只会让我和我的发小都十分尴尬，上了中学后我们就渐行渐远了。

很多年以后再想起这位年少时的朋友，我仍免不了觉得有些许遗憾。听说她后来考上了重点大学，研究生毕业后成为一个非常出名的成人培训讲师，和她爸爸进了同一个行业。我不知道当她站在讲台上时，会不会和她的学生讲起这一段童年插曲，会不会在举例的时候说起自己父亲不当的育儿方式，但总归这件事的结局证明了一个暂时不爱阅读的人未来也可以走得很成功。

大多数人认为一个"学霸"的标配是，巨大的阅读量、严格执行的学习计划表、一坐就是一天的钻研精神。但事实上，"学霸"的学习方式多种多样，并不一定只能通过"读"这一种方式来输入知识。当然，我承认阅读是一种高效的学习方式，但是如果一个孩子根本不爱阅读，那该怎么办呢？难道要强迫他阅读吗？

费曼学习法的第二步强调有效的知识输入，这里的"有效"意味着每个人可以有自己独特的方式，只要最终能把知识"吃"进去就行。

就像我的那位发小，她从小话就很多，听课也很认真，她并不是不喜欢阅读，而是比较"挑食"，而且更喜欢以听的方式学习，如听广播、听录音。她也很喜欢分享，这样也能让她"吃"进很多知识。正如有的人观察力敏锐，喜欢通过图片、图表、影片等视觉刺激来获得信息；有的人热衷于动手参与，通过做实验、做模型、演练等方式来理解事物的原理；还有的人喜欢研读文本、做笔记，将抽象的概念转化为易懂的文字。每个人的学习方式不同，我们没有必要要求所有人都用阅读的方式"吃"进知识。

当然，在当今的"大语文时代"，虽然阅读能力是不可或缺的底层能力，但是这并不要求每个孩子都以阅读为起点去输入知识。而且我始终相信，没有孩子不喜欢阅读，只是阅读的口味不同而已。殊途同归，无论一开始以什么方式入场，只要合理引导，最终每个人都会爱上阅读这种有趣的学习方式。

后来，我有一个朋友参加了我的那位发小的培训课，据他给我的反馈，我的发小说自己小时候一度不爱阅读，但是后来因为一个契机竟然爱上了阅读。这也印证了我的上述观点。

> **Tips**
>
> 不要被所谓的"学霸标准"绑架，这只会让你裹足不前。找到适合自己的学习风格，先以喜欢的方式入局，获得输入的快感，才能让学习事半功倍。

接下来我们来具体聊一聊影响输入的两大因素。

1. 只计划不完成？量身定制很关键

我上学那会儿，老师特别喜欢让我们制订学习计划，尤其是到了寒暑假，在假期开始时要制订一个"假期计划表"，精确到每天几点起床，几点到几点做什么，几点睡觉，并且要按照计划执行。在假期结束后，我们需要把这份假期计划表交给老师。

我在学生时代是个听话的孩子，老师怎么说我就怎么做。但即便如此，我还是觉得每天一模一样的生活节奏让我有些难受。在假期的第一周，我还能严格按照计划表执行，到了第二周，有些计划就执行不下去了。比如，原本计划早上 8：00—8：30 做练习册，如果我起晚了，8：00 还在吃早饭，那么这一天所有的计划就会被打乱，这样我的压力会特别大，第二天只好定五个闹钟把自己叫醒。有时同学来家里玩，我也不知道该怎么调整计划。当我意识到自己完全被这份计划表束缚住的时候，我终于叛逆了一回，蒙上被子好好睡了一觉。

到了开学的第一天，我发现很多同学都在临时抱佛脚，他们根本没有制订假期计划表，更不可能按照上面的计划执行，只是靠想象、说谎、互相"借鉴"，花了不到10分钟的时间就搞定了一份看似非常完美的假期计划表。从那以后，我再也没有迷信过"制订计划"这件事。

后来成为一名老师我才终于理解了我的老师。在多数人的认知中，制订计划相当于给出一个承诺，即便无法严格按照计划表一项项执行，至少我们在开始的那一刻是坚定而不迷茫的。就像我在课间让学生当着我的面把作业任务安插在各个时间空隙里时，我能从他们的脸上看到一丝希望，仿佛这些作业都已经做完了。但好景不长，我很快又否定了我的想法。如果说学习本身就是"反人性"的，那么像这样的计划表更是"反人性"的。不仅如此，它所带来的压力、焦虑、愧疚、负罪感、自信心丧失远远多于初始阶段带给我们的自信，而且会将学习、做作业这些事变得毫无乐趣。我们成了一个被动运转的机器，失去了主动探索的机会，这绝不是一种好的学习方法，更不是费曼学习法想要传递给我们的。

我撕掉了这样机械的学习计划表，但我并不否定按照计划来学习的意义。于是，我采取了"制订每周任务"的方式来规划学生的学习任务，这样一来，就给了他们一定的空间和自由度，他们可以按照自己喜欢且合适的节奏去完成。比如，有的学生喜欢临时抱佛脚，于是他们会等到最后一天再去做每周任务；有的学生则自律性、自控性强，他们就可以自己把每周任务拆分成每日任务，然后按照自己的作息时间去执行。无论是哪一种，适合自己的才是最好的。我后来常常告诉我的学生："只要你能在一周之后见到我的时候把事情做完，中间随便你怎么做。"

> **Tips**
>
> 一份不放过每一分、每一秒的学习计划表,是容不下人性的弱点的。与其制订一份完美的计划表,不如按量身定制的计划去高效学习。

2. 要想"吃"进去,就需要培养提问意识

有了目标,制订了计划,按照适合自己的学习方式输入知识,接下来应该如何确保真的将知识"吃"进去了呢?

我有一个学生,常常被同学贴上"不好相处"的标签。因为他每次上完微积分课,总要不断琢磨"为什么",路过的同学跟他打招呼,他听不见,有人对他微笑,他也没有反应,这样一来,无意中自然会"得罪"人。

我还有一个学生,上课十分认真,笔记也记得十分详细,几乎把老师课上的每一句话、每一行板书都抄下来了。她的同学倒是很喜欢她,因为她的笔记让人赏心悦目,甚至被当作样本展示,拍照贴在班级的公告栏里。

我们不说这两个学生的性格和为人处事如何,只说学习方面,很明显,他们的学习方式截然不同,一个喜欢"问",另一个喜欢"记"。在我们小时候,这两类学生可能都会被老师表扬,因为学知识就是不断记忆、不断提问,但是我认为,在当今这个时代,或许会提问的人比会记笔记的人更能高效学习。

你或许要问为什么,尤其是如果你也是一个热衷于把课堂板书抄下来的学生,因为从被动抄写到主动记忆之间,其实有很长一段路。我见过很多学生,笔记记得很认真,但是知识一点儿都没有进大脑,相反,他们还会有一种错觉,认为自己已经记住了。

从费曼学习法的角度来看,提问的过程就是一次信息的再加工,能提出问题,说明学习者已经在主动理解和消化输入的内容。这就好比我们走进一家书店,试图挑选一本有意思的书,我们可能会闲逛半小时,看到一

本书名有趣的书就拿起来翻一翻，在翻的过程中，我们已经在不断思考，并且不自觉地将思考的问题拆解为"我想了解的信息""和我想了解的信息有关的信息""和我想了解的信息无关的信息"。做了这样的拆解后，我们很容易快速读完一本书，这种"读"并不是每个字都看进去，每个字都记住，而是记住一本书的精华，以便我们去评价一本书的好坏，帮助我们做出决策——要不要购买这本书。这个过程非常高效，比一字一句地读和抄写效率翻倍。我想，这也许便是很多成功人士可以一年读上百本书的原因。

Tips

> 当我们在脑海中不断提问时，我们就进入了主动思考状态。主动思考相比被动接收能帮我们记忆更多信息。

1.2.3 输出："吃"进去的知识为何还要"吐"出来？

我大学时有一段至今想起来还觉得很尴尬的经历。当时我学得最好的学科是西方文明史，总能侃侃而谈，很多同学会向我请教作业中的问题，而我经常觉得他们的问题十分简单，三言两语就能搞定。当时教授这门课的老师是一位上了年纪的美国老教授，他有 30 年的丰富教学经验，可能觉得我表现得过于狂妄，于是就想找个机会"修理"我一下。

有一次他要给学长学姐做一个专题分享，内容是关于古希腊和古罗马文明的，这一段历史我学得也不错，所以当教授通过邮件询问我是否愿意以助教的身份和他一起出席讲座时，我非常兴奋，为此还提前把书中相应内容反复读了好几遍。讲座当天，在提问环节中，有几位学长学姐的问题非常简单，我恨不得抢答。这个微举动被教授发现了，于是教授把话筒递给我，让我来负责这个环节。很快，现场就有一位学长提出了一个很难的问题，我当场就慌了，站在那里反复回忆书本里的知识，发现这个问题超纲了，书中根本没有讲过，教授之前在课上也没有提过。教授见我答不上来，就把话筒拿了回去并给出了答案。我发现教授给出的答案并没有超出课堂范围，只是我的理解还不够到位。

这段经历让我意识到，很多时候我们以为自己学得足够深入、足够到位，但是我们可能禁不住进一步的询问，因为我们没有输出过所学的知识，不容易发现知识盲区。

1. 所谓学以致用，就是"换句话说"

这几年教育"内卷"越来越严重，尤其是"双减"之后，我们会发现虽然学校的作业和考试都变少了，但大考却变得越来越灵活。语文考试涉及很多书本外的内容，对学生的阅读量要求很高，数学考试的应用题更注重对实际问题的理解和应用，题目也变得越来越长，这些信息都在告诉我们——教育要大变天了。

学生和家长大可不必为此感到惊慌，因为这样的改革反而更接近学习的本质，即加强对知识的理解和培养举一反三的能力。回到我们之前举过的费曼的例子，费曼在学术研究中既不放过自己，也不放过自己的学生，总是不断提问，要求自己和学生用简单易懂的语言输出知识。这些简单易懂的语言，并不会改变知识原本的意思，只是知识经过了大脑对知识的深度加工，换一种方式表达出来罢了。

说起"换句话说"，我总是想起教授托福阅读的那几年。我每次上一对一课，都会让学生做口头翻译，把看到的英语句子用中文说出来，但我常常需要对学生解释，口头翻译并不是让你一字一句翻译出来，而是在通读一句话之后在大脑里进行消化和加工，用"人话"讲出来。每每这时，有趣的一幕就会出现，很多学生翻译的时候是不讲"人话"的，甚至讲到自己都崩溃了，原因就是他们只能片面地理解某个单词或短语，却理解不了拼起来的整个句子。就拿下面这句话来说：

<u>In order to</u> <u>remain in existence</u>, <u>a profit-making organization</u> must,
　　为了　　　　保持存在　　　　　一个营利性组织　　　　　必须
<u>in the long run</u>, <u>produce something</u> <u>consumers</u> <u>consider</u> <u>useful or</u>
　　长期　　　　　生产一些　　　　顾客　　　认为　　有用的或
<u>desirable</u>.
　想要的

假设一个学生每个单词都认识，按照英语的语序，他会将这句话翻译成：为了保持存在，一个营利性组织必须长期生产一些顾客认为有用的或想要的。

问题来了，这句话根本不通顺，主要问题在于句子的后半部分不通。一个英语水平稍微好一些的学生自然知道"顾客认为有用的或想要的"是一个整体，于是他们会将这句话翻译成：为了保持存在，一个营利性组织必须长期生产一些顾客认为有用的或想要的东西。这样的翻译已经比较通顺了，但在我看来还是远远不够，因为中国人不会这样讲话。所以为了讲"人话"，我会要求学生进一步按照中国人的表达习惯来翻译这句话。

"学霸"会将这句话翻译成：一个营利性组织为了经营下去，就得持续生产一些顾客喜欢的东西。

这样的翻译足够简单，足够通顺。要做到这样翻译，学习者就必须有基本的语法常识，以及语言组织和加工能力。我们只有可以轻松做到"换句话说"，才真正明白了所学的知识。

> **Tips**
>
> 以输出倒逼输入，本质就是要求一个学习者将"我明白了"转换成"换句话说"，前者是被动理解，后者才是主动输出。如果做不到，我们就需要回到原点，重新加强理解。

2. 把书越读越薄，重点是将知识模块化处理

高三的时候，我的班主任兼历史老师最喜欢和我们说一句话："你们要学会把书越读越薄。"当时高考要考六本历史书，每本书约 200 页，知识量大到令人发指。同学们都特别不爱听班主任说这句话，明明是那么厚的书，要怎么越读越薄？很多年以后我才终于明白老师那句话的意思。所谓越读越薄，就是在真正理解知识的基础上，用框架性的结构把一本书中的知识用尽量少的语言概括出来，有时只需要一张思维导图，如图 1.4 所示。

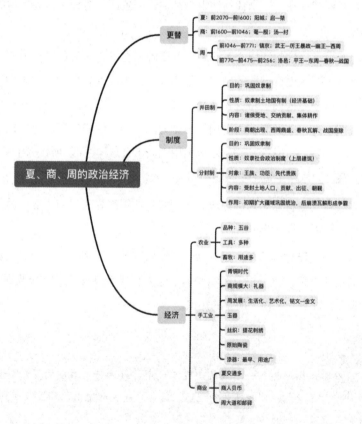

图1.4　高中历史（古代史）部分章节思维导图

把书越读越薄的过程就是将知识进行模块化处理，把相关联的知识整合在一起，按照一定的逻辑串联起来。思维导图是一种很好的输出方式，我常常鼓励我的学生在听完一节课、学完一个章节或读完一本书以后，合上书，用思维导图将知识串联起来。

> **Tips**
>
> 知识越学越多，如果不能及时通过合适的方式输出，就很难深入理解这些知识。

1.2.4 复盘：如何将点状知识编织成网？

在《追寻记忆的痕迹》一书中，诺贝尔奖得主埃里克·坎德尔说：

要想得到长久的记忆，大脑在处理接收到的信息时必须足够透彻且深入，这就要求大脑在处理信息时集中精力，并且要将这一信息有意图且系统性地与记忆中已有的知识联系起来。

费曼学习法的最后一步正是迎合了这句话，它鼓励学习者将新输入的知识与过往学的知识进行信息整合，从而将点状知识编织成一张网，这个过程叫"复盘"。

这个织网的动作总让我想起小时候做的几何题目：N个点最多可以连成多少个三角形、四边形、五边形……由点及面也是如此。我们把一个个知识点想象成平面上的一个个点，任意两个点之间都是有联系的，最终，他们就可以连接成无数条纵横交错的线，像一张复杂的蜘蛛网，如图1.5所示。

举个例子，我在英语语法课上常常带着一群学生玩一个游戏——大家来找碴儿。我会将本学期学习的各种类型的从句用剪贴画的形式贴在黑板上，让学生从中找出和其他从句类型不一样的一个从句。这是一种帮助学生复习的方法，学生自己在家也能做。在玩游戏的过程中，学生需要不断回忆每种类型的从句长什么样子、有什么特征、和其他类型从句的区别是什么，思考的过程就是将过往输入的"点"连接起来的过程。

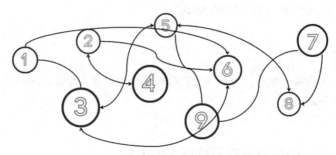

图1.5　将点状知识编织成网

Tips

前文中提到过的思维导图，既可以应用于在知识输出的过程中检测自己是否学明白了，也可以应用于复盘的环节，是一种高效复习过往所有输入的内容的工具。

1.3　费曼学习法对我们有什么用？

知道了费曼学习法包括设立目标、有效输入、内容消化、尝试输出、复盘回顾这几步，你可能要问，在我们的实际生活中，费曼学习法到底能在哪些方面发挥作用呢？我在后面的实战篇中会围绕费曼学习法适用的场景，详细探讨它的作用。在这一节中，我们先来看看谁需要掌握费曼学习法。

1.3.1　学生：我们都该向孔子和苏格拉底学习

1986年，美国的挑战者号航天飞机升空后不久就爆炸了，这件事震惊了全球。里根总统立刻下令成立专门的调查委员会详细调查爆炸原因，费曼正是委员会中的一员。费曼参与调查的时候，已经有一群专家写了厚厚的研究报告，当他们试图给费曼展示报告时，费曼却说："让我来问你们问题。"于是，他从第一页的第一句话开始，发出一个个疑问，把很多专家都问住了。但正是因为他不断地提问，引人深思，最终才查到了这场悲剧真正的原因——右侧固体火箭助推器的O型环密封圈失效，毗邻的外部燃料仓泄漏出火焰，O型环密封圈在火焰的高温烧灼下结构失效，使得高速飞行中的航天飞机在空气阻力的作用下解体。该O型环为橡胶材质，具有一定膨胀性，O型环受温度影响失去了膨胀性。这个原因之前并没有人想到过。

说到提问，我会想起两位名人，一位是东方的孔子，另一位是西方的苏格拉底。这两个人分别影响了东方和西方的历史和文明。他们教授学生的方式并不是传统的教和学，而是通过反复提问、不断追问，一来一回，以质疑的方式启发学生更深入地思考，从而对知识有更深入的理解。

费曼学习法的底层逻辑也是如此。费曼和苏格拉底二人都认为自己和别人相比一无所知，他们都认为自己不可能知道所有的事情，所以才更乐意通过问来学。作为学生，提问可以发生在使用费曼学习法学习的任何一个环节。

在设立目标时，我们可以问自己："我"学这个知识的目标是什么？学习它是为了什么？

在有效输入时，我们可以问自己：这个理论为什么如此？结论从何而来？如果换一个前提，结论还成立吗？"我"可以进一步解释这个答案吗？

在尝试输出时，我们可以问自己："我"的解释正确吗？"我"说出来的话有没有改变原意？

最后，当我们将点连接成网时，我们可以问自己：这个知识和过往学的知识有联系吗？如果有，有什么样的联系呢？

在我的教育生涯中，接触过上千名"学霸"。他们的兴趣、优势、性格乃至家庭环境千差万别，但只要他们在某一领域中能排到前10%，那他们一定是善于反思的人。我们的思维很容易形成惯性，这使得我们在处理问题时很难跳出固有的框架，这也是为什么一个不懂反思的人会被自己思考问题的方式所裹挟；但一个善于反思的人，一定是谦虚的，他承认自己的无知，并时刻对自己所学的知识进行反问和质疑。

> **Tips**
>
> 通过不断地突破惯性思维获得成长，或许是学生群体掌握费曼学习法的终极意义。

1.3.2　父母：与其化身保姆或专家，不如做个教练

有一次，我去参加一个线下讲座，当天到场的听众大多是35~45岁的中年人，他们中的很多人已经为人父母。讲座中，讲师抛给大家一个问题：你觉得目前生活中最让你头疼的事情是什么？很多人不约而同地说：养娃。这或许解释了这个时代生育率下降的原因。

回家以后，我不禁陷入深思：为什么当今社会，养娃是一件费神费力的事。随后我和身边很多孩子的父母，尤其是妈妈们聊这件事，最后我得出结论：太多父母让自己活成了保姆或专家，而不是教练。

你或许在自家小区里看到过这样的现象：孩子在前面跑，妈妈在后面追，督促孩子别忘记吃饭，课间多喝点水，但孩子却对妈妈露出不耐烦的表情，似乎在说："你真的好烦！"还有一种妈妈，当街训斥自己的孩子，那凶狠的样子好像面前站着的不是自己辛辛苦苦养育大的孩子。而面对妈妈的训斥，孩子不是大声哭泣就是低头不语。总之，大人累，孩子也累。

美国心理学家鲍德温对父母的养育态度与孩子的个性之间的关系进行

了研究，发现如果父母的态度是支配型、干涉型、专制型，那么孩子更容易形成消极、爱反抗的个性；如果父母的态度是宠溺型，孩子则更容易形成任性、幼稚、优柔寡断的个性。而最被推崇的是民主型父母，他们养育出的孩子通常既独立又善于社交，拥有自信、阳光的个性。

民主型父母有一个特征——他们让自己活成了一个教练。

我们不妨想一想，教练都是如何培养出世界冠军的——他们善于观察、挖掘运动员的优势，提供充足的资源和支持，通过启发、互动来培养运动员的主观能动性。这些教练没有跟在运动员后面喋喋不休，而是做到有求必应，不求不应。

父母在日常育儿中也当如此。比如，我们启发孩子用费曼学习法学习，可以通过以下方法。

第一，协助孩子明确一个目标，并制订计划。

第二，通过提问的方式帮助孩子输出。

父母如果能做到以上两点，就是很好的开端。在我做升学规划的过程中，也是这样给父母们建议的。有一次一位妈妈向我诉苦，说她的孩子上小学二年级了还是无法自主阅读，必须家长陪在身边给他读、给他讲才行。但事实上，我通过和孩子相处，发现他已经认识很多字，关键问题可能并不在于孩子无法自主阅读，而是孩子希望妈妈陪在身边。于是，我建议这位妈妈减少给孩子读书，而是多提问，如陪孩子看一本书的章节标题，让他猜测这本书是讲什么内容的，再让孩子自己读一个章节，然后就书中内容向孩子提问。这样既可以训练孩子的自主阅读能力，又可以提高陪伴的质量，自己也不会那么累。

Tips

善用费曼学习法，做好一个教练，是为人父母的必修课。

1.3.3 老师：少说点话，"玩转课堂"更酷

我在这本书的开篇分享了我刚当老师时的经历。从业几年后，当我读了有关费曼的书籍后，才终于明白当年经历的磨炼其实就是遵循了费曼学习法。作为老师，我本身就需要不断地输出我所学的知识和概念，而且得让学生听明白，甚至能轻松记住。我常常发现，在学生受益的同时，我也收获了很多。比如，我能更加理解一些复杂的概念，也能将知识进行串联，甚至可以用思维导图的方式在脑海中将知识点列出来，形成一个总的框架。所谓教学相长，想必就是这个道理。

与此同时，我也发现了问题——由于反复输出，我往往比一些学生更容易记住知识。当我在课堂上提问的时候，我常常觉得这个概念如此简单，为什么有些学生就是学得不好或记不住呢？渐渐地，我变得越来越博学，学生却并没有跟上我的学习进度，这就违背了作为一名老师的第一使命：让学生理解，给学生启发。

我一度非常郁闷，有一天我突然就想明白了——将心比心，我的输出量是远远大于学生的啊！如果可以角色互换，我给学生讲一遍，学生给我讲一遍，学生之间再互相讲一遍，那不就能让学生记得更牢固，理解得更深入了吗？那一刻，我也解答了自己多年的困惑：为什么在美国的课堂上，感觉老师不教什么东西，只是不断提问，让学生展开小组讨论，一节课上完，学生都很困惑，但美国的教育却全球领先。

我根据这个发现改良了我的授课方式，让学生输出更多。托福写作大班课上，我让学生做完写作练习之后，分成小组，互相点评文章；一对一语法课上，我让学生反过来给我讲解什么叫定语从句；阅读小班课上，我让学生上台分享自己对某个段落的理解。最初，部分学生很抗拒，甚至会投诉我，他们理所当然地认为课堂就应该是老师在讲台上讲课，学生在下面认真听、记笔记。有时候我还需要向一些家长一遍遍解释，自己并非偷懒，而是要启发学生独立思考。好在一段时间后，这种"玩转课堂"的效

果得到了验证,学生的分数确实提高了,也从最初的抗拒变成了积极讨论,我想这样他们出国以后,也许能比较容易适应国外的教学方式。

可见,费曼学习法对于老师的帮助是很大的。它既可以使课堂变得生动有趣,又可以节省老师的体力(毕竟一个劲儿地讲很费口舌,学生也不见得乐意听)。最重要的是,它会让学生从实践中收获更多。

> **Tips**
>
> 这个时代的老师必须学会适时"闭嘴",让学生开口,这样才能让教学事半功倍。

本章小结

◎ 费曼的故事给我们带来的启发有很多方面,其中我认为最重要的是他打破砂锅问到底的精神,这种精神反映出了一个人的好奇心和探索欲。

◎ 费曼学习法说起来并不复杂,关键词包括目标、输入、消化、输出、复盘。

思考与行动

◎ 你在生活和学习中使用过费曼学习法吗?

◎ 你在使用费曼学习法的时候有什么感受?

◎ 你在使用费曼学习法的时候发现过什么问题吗?

第二章
费曼学习法的误区

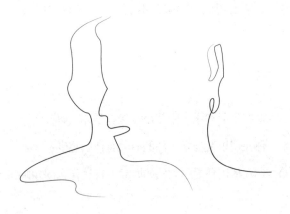

"双减"政策颁布后,我的老东家新东方面临着巨大的考验。很快,它公布了一个计划——新东方计划将部分业务转为家庭教育,也就是说,它要进军成人教育领域了。很多家长闻风色变,网上的段子层出不穷,最经典的一条是:"我18岁以前去新东方学语、数、外、理、化、生,大学的时候去新东方学四、六级,出国前去新东方学托福、雅思,现在好不容易熬成了家长,还得去新东方学家庭教育,这是什么世道!"

当时我看到这个段子后哭笑不得,这个段子背后隐含着"学习好苦,为什么还要学习"这样的抱怨。的确,我看到过很多成年人谈学习色变,认为自己熬了20多年,终于步入社会,可以放弃学习了,殊不知,终身学习才是这个时代的要求。

作为一个终身学习者,我有一段时间非常不能理解为什么大家都觉得学习很苦。后来有人告诉我,人性本来就是懒惰的,而学习这件事情是"反人性"的。我认同了这个观点,同时发出了新的疑问——为什么我们玩游戏不会累?追剧不会累?吃饭、睡觉不会累?难道玩游戏、追剧、吃饭、睡觉真的比学习更有意思吗?

可能很多人会持肯定意见,但当我做了一份调查问卷进行大范围调查后,我发现仍然有一部分人的答案是否定的。他们觉得学习不是苦涩的,不是沉重的,学习本身是一件有趣的事情,当你学会了新的知识,你会有很大的成就感,这是一种比玩游戏、追剧、吃饭、睡觉所产生的快乐更高级的感受。这种高级感受的背后,是一个人彻底找到了学习动力和学习方法。可见,若动力不足、方法不当,自然学不好,学不好就没有成就感,久而久之就会厌学。成年人如此,青少年更是如此。这一章我想好好聊一聊关于学习方法的问题,尤其是为什么很多人用不好费曼学习法。

2.1　目标不清晰

说到成人教育,我真的有很多想说的。我每年都会付费学习,付费多了,社交圈也变大了,认识了各种各样、形形色色的人,他们来自不同行业,有或精彩或不堪的过去。但最开始的时候,我天真地认为,是同样的目标将我们一群人聚集在了一起。后来课上得多了,和大伙儿聊得多了,我发现我错了,同样是交钱来学习,每个人的目标却是截然不同的。

不同于少年时期大家都奔着考一个好大学、考一个好成绩的目标,成年人的世界复杂许多:有的人是奔着学一些东西,有的人是奔着交几个朋友,有的人是因为认识培训者,付费学习纯粹是给面子,甚至还有的人是来找对象的。

无论如何,我都不随意批判或否定任何一个目标,只要不违法,每个人都可以有自己的追求。说白了,成年人的世界的处事原则之一是你情我愿。有人付费来学习,什么都没学到,但是解决了终身大事,也未尝不是一件好事。

但偏偏有很多人,只是单纯地为了学习而学习,目标非常不清晰,结果越学越迷茫,越学越不知道自己该干什么,花了钱却毫无收获。这样的情况并不在少数,尤其是在商业类课程中。很多人一听说能赚钱,头一热就报名了,但他们都忘了一件事——先问问自己上课的目标是什么。

因为没有明确的目标,很多人花了大把的钱,最终还是不知道什么才是适合自己的从业方向。

说到目标,我想起了上大学时的一件事。

那时我和一个室友一起选修了英美文学课,我们在选课前并没有商量过,于是在第一次走入课堂时,双方都有些惊讶。我问她:"你为什么选了这门课?目的是什么?"她说:"我想提高一下文学素养。"当时的我听到这个答案扑哧一声就笑了出来,于是她问我:"你呢?"我说:"我下学期要去美国做交换生,这是一门必修课,所以我必须得选,而且要拿个高分,才能去留学。"我们的目的是如此不同,但各有各的道理,虽然我当时笑话了我的室友,但事实证明,她一点儿也不糊涂。一整个学期,我为了达到目标分数,严格遵守课程评分细则,一节课都不敢落下,无论是个人作业还是小组作业都尽心尽力,期中和期末考试前也会非常认真地复习。但是我的室友则经常逃课,跑去读老师推荐的延伸书籍,还带着问题预约教授的 Office Hour(课余办公时间,学生可预约教授去办公室探讨问题)。最后,我拿到了高分,成功做了交换生;她的考试成绩不高,但确实提高了文学素养。

你看,聚焦目标有多重要!我和我的室友都设立了一个明确的目标,都为了这个目标而努力,虽然过程有所不同,但我们都得到了自己想要的结果,整个课程上下来也毫不迷茫。你可能会问,如果"我"既想拿到高分又想提高文学素养可以吗?可以,但那可能就是另一条路径了。

最可怕的是,一个人想要的东西太多或目标太过宽泛。我后来回想了一下,自己之所以笑话室友,就是因为她所谓的"提高文学素养"是非常宽泛的目标。当然,她能做得很好是因为她明确地知道这个宽泛目标的背后有怎样清晰的过程。但反之,有些人嘴上说着宽泛的目标,内心也是不清晰的,这样就容易陷入迷茫。

回到商业课的例子,我当时有几个同学说自己是来了解商业模式的,那时他们既没有开始创业,也没有一个明确的项目,他们并没有想好未来要做什么,所以,最终只是学了个"寂寞"。

> **Tips**
>
> 在投入学习之前,先要明确目标。所谓明确目标,即拒绝散点、学会聚焦。只有我们弄清楚"自己要学成什么样,用来做什么",然后把达成路径和规则"吃"透,并逐步击破,才能赢得漂亮。在这个复杂多变的时代,其实能做好一件事并坚持下去,就非常厉害了。

2.2 伪输出

有一段时间网上很流行各式各样打造个人 IP 的知识付费课程。作为一个靠知名度和专业度吃饭的人,我也积极投身于打造个人 IP 的事业,在这件事情上花了不少时间和金钱。后来我仔细研究了一下,发现这些课程的核心都是让我们进行大量的输出——写朋友圈、写公众号、录视频,甚至是写书。同样的一套动作,有的人做起来非常顺利,有的人则非常棘手。

在最开始的阶段,很多人抱怨不知道朋友圈该发什么。毕竟,不同于临时起意想到什么就发,一旦将朋友圈运营变成一项日常任务,这件事情就不那么有趣了。这个时候,那些教你如何打造个人 IP 的老师往往会说,你要多输入,这样才能有内容输出。多输入,说白了就是多看、多听、多反思。就好比我们在上学时,要想写出一篇好作文,前提一定是看的书够多、够杂。

但问题来了,只要输入够多,就一定能做好输出吗?不尽然。

2.2.1 输出不是转述

我在做孕妈那段时间,特别喜欢研究我吃的食物是如何转化成宝宝的营养的。比如,我吃鸡蛋、喝牛奶,食物放进嘴里,通过咀嚼和吞咽被分解为细小的部分,然后一部分供给胎盘和脐带,胎儿通过胎盘和脐带吸收孕妈吃进去的东西，但是宝宝吸收到的是蛋白质，已经不是原始的鸡蛋和牛奶了。也就是说，吃进去的是食物，最后转化的却是营养。

转述是什么呢？是我们吃什么，宝宝就吸收什么，我们吃一大块肉，宝宝也直接把肉吃进肚子里，这样一来，就会出问题。输入与输出之间，其实存在着复杂的转化过程。这也就解释了为什么很多人输出不顺畅，即便是有了大量的输入，仍然无法顺畅输出——主要是因为只做到了转述，没有进行转化。

转化又是什么呢？转化最直接的意思是换一种方式表达出来，如图2.1所示。既然要换一种方式，就意味着每个人可以根据自己对输入内容的理解，用不同的方式表达出来。回到刚刚说的朋友圈、公众号形式的输出，我经常搜一个话题，发现很多文章都是大同小异的，甚至还有照搬照套的。同样的一篇内容被转来转去，就是没有加入任何新鲜的观点，让我严重怀疑这些公众号小编的水平。而相反，那些浏览量过万甚至超过10万的文章，之所以能吸引读者读下去，正是因为当中的文字是作者经过反复推敲，加上自己的人生经验或深度思考打磨出来的，哪怕当中有借鉴的部分，也给人感觉有新意，这就是原创的精彩。

图2.1 "转化"示例

从费曼学习法的角度来看，之所以很多学生读了很多书依然做不到滔滔不绝、下笔如有神，正是因为没有形成一套转化系统。他们习惯了照搬照套，习惯了听别人讲道理，没有自己的思考和实践，因此做不到有效输出。

2.2.2 消化后再输出

如何做到有效输出呢？这是一个很大的问题。

每个人的学习风格不同，喜欢的输出方式也天差地别。比如，有的人喜欢写作，以此来强化对知识的理解消化；有的人则喜欢说，只要提供一个可以表达自我的场合，他们便可以滔滔不绝，说出对一个知识、一个道理的理解；还有的人喜欢动手实践，如考试、旅行、做实验，这些都是好的输出方式。

输出的本质是在输入与输出之间建立一个转化机制，即消化的过程。这个消化过程说起来简单，其实是一种高级能力，非常考验一个人的深度思考能力和总结能力。很多学生和家长问我如何提高这种能力，坦白说这绝非一朝一夕的事情，非要说方法的话，我认为是先提问。

这里我想拿我曾经遇到过的"学霸"家长来举例。这位"学霸"家长从孩子出生开始，就每天给他读书，一开始只是读，等孩子 2 岁多能开口说话以后，就逐渐加入了提问的环节。比如，这位家长经常就故事里的人物和情节向孩子提问，问题无非围绕着 5W1H 原则，即 What（什么）、Who（谁）、Why（为什么）、When（什么时间）、Where（在哪里）和 How（怎么样），如图 2.2 所示。这种从小培养好奇心和求知欲的方式是非常值得我们学习的。这样长大的孩子，到了一定年纪就会很轻松地掌握输入与输出之间的转化机制，因为他们养成了遇到任何一件事，学习任何一个知识点，都会反复琢磨、不断自我提问的习惯。

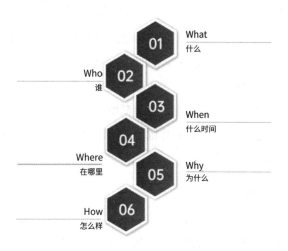

图2.2 5W1H原则提问法

你还记得费曼的经历吗?他从小就养成了这样的好习惯。

这么看来,消化有时候比输出本身更加重要,因为输出只是形式,消化才是根本。

> **Tips**
> 古人云:"纸上得来终觉浅,绝知此事要躬行。"所谓躬行,就是建立一套适合自己的转化机制,将输入的内容进行转化后再输出。

2.3 "学霸"给"学渣"讲题

你有没有见过一家有两个孩子,一个是"学霸",另一个是"学渣"的情况?

我的闺蜜小华就有两个孩子,大宝15岁,是个"学霸",二宝12岁,是个"学渣"。两个孩子从小到大都是上同一所学校,老师差不多,同学的水平也差不多，同一对父母生的，可差异却如此之大。

为了缩小两个孩子的差距，小华希望大宝能用业余时间帮帮即将升入初中的二宝，大宝试了几次后便非常抗拒，原因是他觉得二宝太难开窍了，明明是很简单的一道数学题，三个步骤就能解出来，但无论怎么讲，二宝就是不懂，或者就算弄懂一道题，稍微变换一下思路，他就又不会了。大宝自己学习时从来没有这么强的挫败感，却在给二宝讲题的过程中体会到了什么叫作"无能为力"。

2.3.1 "学霸"讲题＝抄答案

前文中讲过，费曼学习法中有一个重要步骤，就是通过输出来强化输入。给他人讲题就是一种输出方式，就拿我来说，我成为一名老师后，经常讲着讲着课就把自己讲明白了，这背后的原因在于"教给他人"是一种主动的学习方式，而且从对学习内容平均留存率的研究来看，教学是留存率最高的一种学习方式，也就是说，教学能帮助我们高效地吸收输入的内容。但是问题来了，谁来讲？

在"学霸"和"学渣"的例子中，家长总是希望由成绩好的孩子给成绩差的孩子讲，因为多数人会假设成绩好的孩子一定能把一个问题讲得透彻，但事实不一定如此。

从我当老师的第三年开始，作为组长，我会参与到新老师的面试中。每次遇到学历背景突出的面试者，我总是抱有很大的希望，但事实上，有50%左右的面试者会让我非常失望。后来，我总结出一个问题——学得明白不代表讲得明白。就像"学霸"在做一道题的时候，因为他已经通过前期输入、深度理解和刻意练习达到了融会贯通的水平，所以完全可以做到跳过步骤得出答案，甚至可以举一反三，换个新颖的思路得出答案。但是对于一个"学渣"来说，可能他们连基本的知识点都没掌握，更别提融会贯通、举一反三了。

这也是为什么很多基础不扎实的孩子并不需要名师的点拨，因为他们不在一个频道上，很容易出现鸡同鸭讲的情况，结果就是师父（"学霸"）很没成就感，徒弟（"学渣"）很有挫败感。

总之，"学霸"讲题就好比直接给"学渣"抄答案，很多时候只有一个答案，却没有中间的过程，"学渣"往往会抱怨"学霸"偷懒，"学霸"却感到很无奈。

2.3.2 换"学渣"给"学霸"讲题

我在给学生做教育规划的时候，会涉及学科规划，对应的"学霸"和"学渣"，我认为他们都有巨大的潜力，但前提是，他们必须使用不同的方法来学习。

对于"学霸"而言，他们在使用费曼学习法的时候，输出的对象不必是"学渣"，反而应该是比自己学得更好的人。比如，他们可以组成"学霸"学习小组，互相讲题，互相切磋，就像是武林高手举办比武大赛一样，其目的除了要争个高下，更重要的是从别人的"招术"中学习，以此来提升自己。此外，他们也可以找老师做输出练习，把学到的内容讲给老师听，让更厉害的人给他们支招。

对于"学渣"而言，则应该反过来给"学霸"讲题。为了便于理解，我先举一个经典的例子。很多女生抱怨男朋友不会拍照，吐槽男朋友没有审美。在拍照这件事情上，我们假设女生是"学霸"，男朋友是"学渣"，那么如果一个女生希望自己的男朋友在拍照技术上取得进步，需要怎么做呢？

我想，一个大体的流程是这样的：男朋友初次尝试拍照——女生给予反馈，告知这些照片和参考标准之间的区别——男朋友二次尝试拍照——女生根据新的照片继续提出修改建议……这个流程无限重复，直到男朋友可以拍摄出女生满意的照片。这个流程不就和"学渣"给"学霸"讲题（如

图 2.3 所示）是一样的吗？

图2.3　"学渣"给"学霸"讲题的流程

现在，你知道为什么我反对"学霸"给"学渣"讲题了吗？原因很简单，一个水平高的人在输出的时候，往往很难得到水平低的人的真实反馈，就算"学霸"讲错了，"学渣"也会认为是自己没听懂，或者是自己弄错了。这个过程无论是对于"学霸"还是对于"学渣"，都是缺乏反馈的。这也是使用费曼学习法时的一大误区。很多人在使用费曼学习法中的技巧，却没有理解它的本质。

> **Tips**
>
> 当我们质疑自己没有完全掌握一个知识点时，可以选择"向上教学"，即找一位比自己厉害的人，问他"能不能听我给你讲讲这道题，然后给我一些建议"，而不是"你能不能给我讲讲这道题"。

2.4　思维导图的滥用

我小时候有一段时间特别沉迷武侠小说，尤其是金庸的《倚天屠龙记》。那时候我总在想：张无忌拿到了一本《九阳真经》，学会了九阳神功以后人生大逆袭，什么武功都能无师自通，要是我也能拿到一本真经，是不是以后的学习之路都会无比通畅？直到我在美国读研究生的时候，有一门课的教授特别喜欢让学生用思维导图。我一看，这不就是类似真经的东西吗？只要一张图，一学期的课都能搞明白。掌握了思维导图的精髓，以后学什么都会很快。

我读书的时候，思维导图还不那么流行。到了今天，就连小学生也知道用思维导图来学习。但据我观察，这东西也挺"有毒"的！

第一次发现它不那么好用是在几年前的暑假，我给侄女辅导功课的时候，发现她们老师布置的暑假作业中有一项是用思维导图来概括一学期的语文课知识。我眼看着侄女花了一上午的时间把一张白纸填得满满当当，思维导图的中心是侄女画的卡通小熊，一条条由中心延伸出的枝叶周围布满了密密麻麻的文字。她完全是在抄书，恨不得把目录一条条完整地抄下来，根本不动脑。这让我大大怀疑这张由她原创的"九阳真经"所能带来的效果。果然，我让侄女不看书和导图，把一学期的知识讲给我听的时候，她愣了半天，结结巴巴地说不出个所以然来。

2.4.1 "假导图"不能带来"真认知"

费曼学习法强调用精简易懂的语言将复杂生涩的概念输出，思维导图的核心是用一张简单的图将知识点提取出来，以便理解和记忆。在讨论思维导图的误用之前，我们先来说一说，真正有用的思维导图能发挥什么作用。

首先，我问大家一个问题：你觉得小学数学的内容多吗？

有的孩子会说那可太多了，毕竟要花 6 年时间去学习。但从大人的视角来看又会觉得不多，毕竟小学课本相比初、高中课本简单很多。现在，让我们去掉所谓的"感觉"，客观看待这个问题。小学数学课本共 12 册。但如果我们用一张思维导图来概括，我们会发现，其实小学数学的内容并不多，如图 2.4 所示。

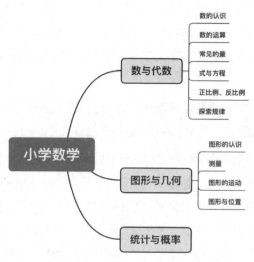

图2.4 小学数学思维导图

那么,思维导图对学习究竟有什么帮助呢?

首先,它是一份知识地图,可以帮我们厘清大量知识的逻辑脉络,让我们实现把书读薄;其次,它可以让进度可视化,让我们在学习的过程中更容易明确已经学了哪些知识,还有哪些知识没有学,从而提高我们的学习效率。

再问大家一个问题:十二生肖难记吗?

如果你是一个大孩子或成年人,一定觉得很容易记。但我小时候背十二生肖可是花了很长时间,那会儿完全靠死记硬背,没有方法,所以对于记住生肖的顺序只能凭借反复读、反复记来实现。但如果我们用思维导图呢?我们可以对十二生肖进行分类,如按照"家畜"和"非家畜"来分类,如图2.5所示。也可以按照其他标准来分类,如"常见的"和"不常见的","家里有人属"和"家里没有人属",等等。

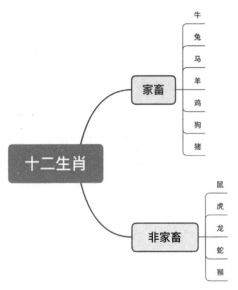

图2.5 十二生肖思维导图

由此可见，思维导图除了可以帮我们厘清知识，还能帮我们强化记忆。这里并不是说它能提升我们的记忆力，而是说通过逻辑结构让我们在回顾的时候用推理的方法，将想不起来的部分想起来。

总结一下，想要带来"真认知"，我们就得学会正确使用思维导图。反过来说，但凡是无法帮助我们厘清知识、强化记忆的导图，哪怕是花了很长时间做的，也是"假导图"。在前面的例子中，我侄女花了一上午的时间画出了一张五颜六色的导图，并且配上了密密麻麻的文字，但这样的导图不仅无法帮我们厘清知识，而且因为字太多，会增加我们的理解和记忆负担。画思维导图之前，我们不妨想一想，去掉那些不必要的、浪费时间的作图过程，让"真导图"帮助我们实现"真认知"。

2.4.2 重要的是思维，而不是导图

结合前文的讲解，我们确实有必要重新理解一下"思维导图"这四个字。作为一种有效的输入和输出工具（以下重点把它作为输出工具来讲解），

思维导图的真正作用体现在"思维"两个字上。所以，千万别再迷信市面上那些教我们如何做思维导图的工具。最终我们会发现，一张精美的导图还比不过一张只有寥寥数语却能帮助我们学习的"丑图"。

既然思维导图的重点是"思维"，那么我们该如何训练思维呢？我先从一个故事讲起。在之前的写作课教学中，我接触得最频繁的是初、高中的学生，每次遇到一个新的班级，面对一群新面孔，我都喜欢用这样一个问题来"破冰"——10年后，你想做什么工作呢？每每这时，一些较为活跃的学生会率先说出一些职业来，如画家、歌手、老师、作家、程序员、企业主、工程师，这样的答案不胜枚举：

程序员、银行职员、警察、军官、建筑工程师、职业经理人、记者、音乐制作人、咨询顾问、县长、海员、翻译家、公务员、医生、企业主、服装设计师、机械工程师、作家、电气工程师、中学老师、运动员、画家、建筑设计师、律师、法官、飞行员、科学家、大学老师、歌手、演员。

于是，我会把学生们的答案一一列出来，然后对它们以二分法进行分类，也就是将所有的答案按照"是×"和"不是×"进行分类。这个过程很简单，我们可以先随意想一个分类，如"是国家机关"和"不是国家机关"。法官、公务员、警察、军官、县长是国家机关的，其他的都不是国家机关的。紧接着，我会让学生们把那些"不是国家机关"的再以二分法进行分类，以此类推。

如图2.6所示，在不断使用二分法进行分类后，我们便将一堆零散的职业按照任意一个指定的框架进行了分类，并给每一种职业贴上了标签。这就是一种穷举的思维，该思维经常会用在我们写作文、做演讲等输出类活动中。

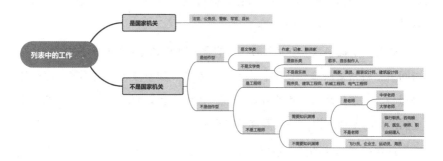

图2.6 用二分法给职业分类

图 2.6 是用 Xmind 软件做出来的，因此会显得条理分明。但如果我让学生在草稿纸上画出来，这些导图就没那么好看了。有些学生字迹潦草，有些学生思路不够清晰，会多次涂改。但这些都不重要，重要的是思维，而不是导图。当我们用导图来输出想法时，本身就是对思维的一种训练。而反过来，如果我们用导图来输入知识，就更不需要在意导图最终呈现的样子了，因为我们要做的是将知识塞进大脑，能达到这个目的就行了。

> **Tips**
>
> 张无忌在拿到《九阳真经》之后，把当中的重点都塞进了脑海中，从此学武功无师自通。我们在使用思维导图的时候也是一样，要用它做好输入和输出，不要将它做成一幅精美却无用的绘画作品。

2.5 "我就是太粗心了，下次不会错"

"这道题我会做，只是看错了，下次一定不会错了。"

"这道题我会做，只是少看了一个 0，不然就能拿 90 分了。"

经常有学生对我说这些话，仿佛粗心不是什么大不了的问题。但事实上，拿"粗心"当借口的学生下次还会在同样的地方犯错，他们大概率不会拿到满分。

如果只是孩子这么说也就算了，但是，很多家长也不把孩子的"粗心"当回事。我常常听到一些家长抱怨："老师，我家孩子其实不笨，就是比较粗心。"语气和表情都是无所谓的，仿佛比起智商、坏习惯及其他一切毛病，粗心不值一提，并且很容易被改正。

从费曼学习法的角度进行分析，一直粗心且不见悔改通常是由于复盘的环节出了问题。也就是说，当我们对输入和输出的内容进行反思总结时，并没有把因为粗心而犯的错真正看成一个错误。我们习惯性地总结那些不会做的题目、难题、偏题，而对于因粗心做错的题，我们一眼就能看出问题，所以下意识地认为下次不会再犯错，自然懒得整理、总结。

换个角度来想，粗心会造成失分，不会做也会造成失分，结果都一样，甚至粗心比不会做更可怕，因为我们会对不会做的题目加以重视，通过回顾和再次输入把"不会做"变成"会做"。但是对于粗心，我们不屑一顾，那么如何保证下次不会再粗心呢？

2.5.1 粗心也是一道"错题"

对于粗心做错的题，我们同样要分析原因。粗心是一个非常宽泛的概念，可以细分为以下几种类型。

（1）审题马虎。有些学生审题不仔细，稍微瞄两眼就开始动笔，这就极有可能导致审题错误。

（2）抄题（字）马虎。如果学生在抄写题目的时候就把符号、数字、标点等抄错了，那么做题的时候肯定会错。

（3）遗漏细节。遗漏细节会导致题目中很重要的信息被忽略，导致整个做题方向偏航。

（4）思维跳跃。有些学生会习惯性地跳步骤。一些填空题无法一步得出答案，需要在草稿纸上进行演算，有些学生基本功并不扎实，但还是会偷懒选择心算，最终导致出错。

（5）错别字。错别字也是很多家长会抱怨的，他们在辅导孩子语文作业的过程中时常发现孩子会写错别字，于是反复唠叨、反复强调，但孩子就是不改，下次依然写错。

（6）计算不认真。计算涉及数学功底，很多学生计算的基本功不扎实，也容易发生错误。

以上是常见的粗心类型，如果我们进一步探寻其背后的原因，可以得出这样的结论：前面4种属于行为习惯问题，如习惯性地漏看、错看；后面2种属于能力问题。其实粗心和学习态度并没有很大关系。很多人责备孩子态度不认真，所以粗心犯错，但越是这样归因，越无法改变现状，因为从根源来看，粗心并不是态度的问题。

既然不是态度的问题，那么所有的错误都可以被归纳和总结。我在给学生做学情分析的时候，经常带他们进行错题整理。如图2.7所示，我们会一起建立一个低级错误错题本。对于错题本，很多人都不陌生，但是因为大部分人对因粗心而导致的错误不够重视，所以很少有人会专门设置一个错题本去记录低级错误。

错误类型	审题/抄题（字）/遗漏细节/过程跳跃/错别字/计算
具体错误类型	审题:条件遗漏/条件看错字/条件看串行/问题看错/问题遗漏 抄题(字):数字抄错/单位抄错/标点抄错/符号抄错/文字抄错 遗漏细节:数字遗漏/单位遗漏/标点遗漏/符号遗漏/文字遗漏 过程跳跃:你的思路VS正确思路 错别字:多音字/同音字/多义字/形近字/同音形近字 计算:加法/减法/乘法/除法/混合运算
题干	（除了"审题"错误需要抄题干，其他类型的错误无需抄题干）
具体错误内容	举例:把"文"写成了"丈"
做题时的心态	时间不够着急/觉得有点儿难慌张/题很简单得瑟

图2.7 低级错误错题本模板

图 2.7 所示的低级错误错题本中会详细记录错误的具体类型、具体的错误内容及做题时的心态。类似这样的错题本在使用的时候非常简单，我们把所有的错误类型列进表格，以后每次遇到具体的错题时，只要勾选错误类型，并做一些简单的记录就可以了。

比如，今天作业中写了一个错别字，将"文"写成了"丈"。"文"和"丈"属于形近字，我们便可以在"错别字"中的"形近字"上打勾，并将具体的错误内容抄写上去。我们还可以用活页纸将同类错误整理到一起，每周、每月及每学期进行复盘。

2.5.2 孩子"粗心"对父母的启发

从家长的角度出发，我们要想帮助孩子避免"粗心"，就要做好以下两点。

1. 端正态度

从心底认可"认真"与"学会"同等重要。

家长首先要改掉一些错误的口头禅，比如"我家孩子挺聪明的，就是粗心、不认真""其实你都会，就是马虎了，下次认真点就好了"。类似这样轻描淡写、一带而过的口头禅不仅不会让孩子重视粗心的问题，还会导致他们从心底认为粗心不是什么大事，更不会认真反思和总结。正确的做法是，家长让孩子详细分析具体错误，并且杜绝把"低级错误"归因为粗心。有些时候正是因为错误"低级"，很多孩子才不重视。正确做法是用整理错题的方式，对错误原因进行详细记录和汇总。这样一来，下次再遇到类似的题目时，孩子就会警惕——"这里容易踩坑""我要多加注意"，从根本上避免再次因为"粗心"而失分。

2. 正向强化

作为家长，面对孩子作业中、考试中的马虎大意，我们应该避免过度批评，转而用正向的语言鼓励孩子认真的行为。

千万别小看"正向强化",它的作用非常大。我曾经给一位妈妈做咨询的时候,发现她对孩子学习的要求非常严格,哪怕孩子考了 98 分,她也难以接受。久而久之,她家孩子的学习成绩不进反退,性格也没有以前开朗了,变得自卑、敏感。在进行了咨询之后,这位妈妈意识到了自己的问题,慢慢地转变了方式,对于孩子哪怕一点小小的改变,如作业中少错了几个字、没有抄错题等,都会给予正面的鼓励和赞扬,后来孩子基本摆脱了"粗心"的问题,考试分数也飞速上涨。

如图 2.8 所示,我建议这位妈妈使用"认真积分本"。这个积分本的制作非常简单,可以根据个人喜好选择手抄或用电子表格记录然后打印出来。我们可以在"认真积分本"上标注具体的日期和奖励原因。

2021/11/1 周一	奖励原因
☆	认真审题了
☆	乘法计算全对
☆	主动收拾屋子
☆	……

图2.8 "认真积分本"模板

奖励原因不局限于写作业或做题,还可以包括良好的生活习惯,如主动收拾屋子、帮助家人打扫卫生等。记录这些看似不起眼的小事,不仅能让父母观察到孩子的微小进步,而且有利于维护良好的亲子关系。以前文中那位妈妈为例,她在仔细使用"认真积分本"一个月之后,对孩子的态度完全不一样了,她能看见孩子身上更多的闪光点,而且学会了用语言表达对孩子的赞美和鼓励,这些都非常有助于孩子进步。

除此之外,家长还可以和孩子共创"认真积分本",让孩子自己写奖励原因。这样做可以强化孩子认真的行为,让孩子认识到什么样的行为是"认真",什么样的行为值得鼓励,究竟怎么做才是"不粗心"。

另外,家长可以设置"积分兑大奖"的奖品。例如,连续 5 天每天有

5个认真的行为,周末就可以去户外玩耍。当然,在设置奖品的时候,最好选择有利于增进感情的亲子互动活动,而不是外在的物质奖励,避免孩子因过度依赖外在激励,而失去内在动力。

2.5.3　掌握这四种方法避免"粗心"

前文中我们讨论了"粗心"有哪些类型及如何正确归因。那么,针对每一种类型的"粗心",我们该如何纠正呢?

1. 审题不清、跳步骤,善用纸笔能改进

先说一说审题马虎。针对审题马虎的问题,我给大家举一个例子。

我家侄女在上小学四年级的时候,数学成绩大幅下降,她的爸爸非常着急,于是找到我,希望我能给孩子做一个分析、提一点建议。我发现侄女的数学计算功底不错,对题目的理解也没有问题,但偏偏做应用题的时候经常审题不清。于是我教给她一个方法,就是拿笔边画边默读,不要只默读,用笔画线,标出题目中的关键词,并把题目中的每个条件都编好序号,然后下笔做题。仅仅是一个小习惯的改变,结果就大不同了。

对于思维跳跃的问题,用笔多画就能极大地改善。对于小学高年级学生及中学生来说,题目可能更复杂、条件更多,可以用草稿纸来辅助审题,先把条件按照"1,2,3……"列清楚,再下笔做题。

2. 抄错题目、漏细节,多用"低级错误"错题本

曾经有个学生跟我抱怨,每次考试前,父母都会叮嘱他多检查,避免粗心,但他总是不知道该怎么检查,也检查不出来任何错误。

前文中我们强调了"低级错误"错题本的使用,针对这个错题本,我们还能进一步发挥它的作用。例如,在记录错误题目时,一并记录错误的具体原因,如"抄写数字时遗漏小数点""写答案时忘记写单位""漏写绝对值符号"等,并整理成常犯错误自测表,如图2.9所示。下次写作业、

小测验或大考前，可以把常犯错误自测表拿出来翻一翻，避免同样的错误再次发生。在写作业或考试检查的时候，还可以重点检查一下这些错误有没有再犯。

图2.9　常犯错误自测表

3.巧用"低级错误"错题本做针对性练习，避免错别字反复出现

经常写错别字，说到底是因为能力不足。针对这一问题，我们要进行有针对性的训练。很多学生说起刻意练习、针对性训练，就以为是把所有的错别字抄一遍，其实不然。

前文中我们对写错别字进行了详细的归因，在整理了"低级错误"错题本之后，我们就能总结出哪些错误是高频出现的，说明我们在这部分的能力需要提升。我们可以买专项的练习册，在练字的时候，有针对性地练某一类的字，避免重复劳动、盲目刷题。

4.找到四则运算的薄弱环节，进行刻意练习

针对数学成绩不好的问题，我总结了一下，主要有两个原因，一个是计算能力不足，另一个是数理逻辑不强。前者是能力问题，后者是思维问题。在这一小节中，我们先不讨论思维问题，因为它与"粗心"无关，与"粗心"有关的是计算能力。如果计算能力不足，任何复杂的数学题都是很难做对的。

同纠正错别字一样，计算能力也是可以通过刻意练习提高的，关键是

我们要先找到错误的具体类型，如总是在三位数加减法上出错，或总是在两位数乘法上出错。只有找到高频错误的类型，我们才能做有针对性的练习。

关于计算，还有一个重要的点，就是速度。有些孩子之所以粗心，是因为考试时间不够，只能马马虎虎地勉强把题目做完。速度与熟练度有关，因此更需要进行刻意练习。我们可以采用这样的方式：先找到基准，如100以内的加减法100题，要求5分钟内完成，但实际上我们需要用20分钟，接下来我们就可以每天做100道100以内的加减法题并计时，通过练习不断靠近标准值，即5分钟。对于每一天微小的进步，家长可以多多鼓励、多多赞扬，让孩子在枯燥的练习中找到动力。

> **Tips**
>
> 粗心不是借口，粗心背后的问题是反思能力不足，结果是无法取得高分。由此可见，粗心比不懂更可怕，更需要引起我们的重视。

本章小结

在使用费曼学习法的时候存在一些常见误区，包括目标不清晰、输入到输出的过程缺乏转化、输出方式低效、复盘过程中没有进行深度思考等。

思考与行动

◎ 你在使用费曼学习法的过程中踩过上述这些"坑"吗？

◎ 在日后的学习中你打算如何避坑？

第三章
实战：用费曼学习法做好教育规划

"我天生就不是读书的料,为什么还要我读书?"

很多自我定义为"学渣"的学生,都曾经这样问老师和父母。面对孩子的自暴自弃,父母总是表现得既愤怒又无奈。我经常和"00后""10后"打交道,他们生活在一个经济快速发展、互联网信息爆炸的时代,很小的时候就能提出各种各样的问题,这些问题让多数父母都招架不住。比如,"我努力也没戏,你为什么还送我去上学?"这种叛逆的问题在10年、20年前可能只能从一个初、高中生嘴里说出来,但时至今日,一个刚上小学但适应得不太好的孩子,都可能因为听到一点负面的声音而自我否定,怀疑学习的意义。

"意义"对于现在的孩子来说非常重要。从马斯洛需求金字塔(如图3.1所示)来看,正是因为现在的"00后""10后"已经轻轻松松满足了底层的需求,他们才会从小就追求更高层次的需求,如追求做一件事的意义及自我价值的实现。

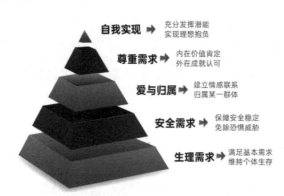

图3.1 马斯洛需求金字塔

本章要和大家聊一聊费曼学习法的应用,为什么一上来就从"意义"谈起呢? 2022年下半年,我跟随王妍峰(2~18岁升学规划开创者,教育部中国智慧工程研究会升学成长规划科研课题首席专家)学习,并荣获教育部中国智慧工程研究会颁发的"升学规划指导师"证书,成为国家层面培养的第一批升学规划指导师。在学习过程中,我发现了一个很多家长还没有注意到的问题:一个孩子学习成绩好不好、擅长或不擅长什么学科、成绩是否稳定等都是显而易见的,但影响这些结果的因素不易被察觉,其中包含一个孩子的学习动力、价值观、学习风格、兴趣类型、关系模式等,如图3.2所示。

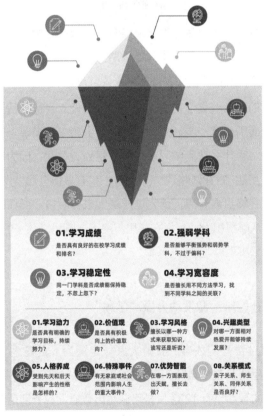

图3.2 学习力冰山图

当一个孩子认为自己不擅长读书时，其实更深层次的心理状态是学习动力缺失，另外还可能存在的问题包括：没有树立正确积极的价值观，没有找到合适的学习风格，没有找到自己擅长的东西，亲子关系差，心理能量弱，等等。

只有找到掩盖在表象下面的真相，我们才更容易帮助孩子轻松应对学习，费曼学习法也才能得到更好的应用。只有找到学习成绩不好背后真正的原因，我们才能在下一次面对"为什么要我学习"这样的问题时，知道如何应对和引导。我想让有缘读到此书的父母和孩子明白一件事：没有人天生会读书，也没有人天生不是读书的料。每个人或多或少都有自己的长处，如果不擅长理科，就可以优先发展文科特长，如果不擅长文化课但有艺术天赋，就可以考虑未来走艺术类升学道路。相信我，几乎所有孩子在学龄前都能表现出自己的优势，而发现它只需要父母拥有一双慧眼。

接下来我们就从费曼学习法的第一步——设立目标，找到动力——说起，本章将全面围绕这一步展开，我会给学生和家长指明一条完整的升学教育规划路径。为什么费曼学习法与教育规划有关呢？因为所谓规划，即"设立目标"，用明确的目标指导具体行动。只有总揽全局，我们才可以"穿越时空"，站在终点看起点。读完这一章大家将明白，所谓的学习究竟是为了什么。该从哪里出发，目标在哪里，终点在哪里，孩子的0~18岁每一阶段该注意什么事项？

3.1 没有了补习班，激发动力做"学霸"

前文中讲过费曼的故事，我猜大家一定认为，费曼是一个智商高于140的天才。起初我也这么认为，为此我还特意去求证了，结果令我十分吃惊——费曼的智商只有125，只是略微超出普通人的智商范围（90~110）一些，但远远没有达到天才的水平。那么，大家一定很好奇，这样一个从小到大被称作天才的人,在学生时代和我们普通人有何不同呢?翻阅他的故事后我发现,其实他只是拥有一个"学霸"的基本素养,遇到自己不懂的问题,愿意花很长时间钻研,会做难题挑战自己,会要求自己一定要解决问题。这其实就是一个人学习动力强的表现。

3.1.1 后"双减"时代的迷茫

2021年,国家颁发"双减"政策之后,很多家长和孩子陷入了迷茫和焦虑。当时有不少人来咨询我,问题大体可以归结为一个——作业少了,考试少了,连课外补习班都没了,我们要怎么办呀?

也难怪家长和孩子会焦虑,在"双减"之前,多数家庭习惯于依赖课外补习班,靠送孩子去课外补习班才能保证孩子有一个不错的成绩。现在没有了课外补习班,校内的任务变少了,也没有各种大考、小测验来检验学习成果,怎么能不发愁呢?我把家长和孩子的问题做了进一步拆解,归纳为以下3点。

(1)课外补习班老师的授课非常规律,久而久之,孩子容易陷入被动接受状态,缺乏自主学习的能力。

(2)很多课外补习班老师会手把手地辅导作业,孩子长期依赖这样的辅导就会丧失独立思考的能力。

(3)很多家长理所当然地让孩子跟随课外补习班的节奏,而从不思考自己的孩子能否跟得上、这些课上完后孩子是不是完全掌握了,也不会给孩子主动做规划。

据我看来,对课外补习班极度依赖的孩子从来没有进入过"我要学,我相信自己能学好"的状态,与费曼的学习动力形成了天然的反差。

3.1.2 学习动力三件套:兴趣、享受、满足

学习动力在一个人小的时候可能还不太容易看出来,但年龄越大越明

显。两个在小学阶段学习成绩差不多的孩子,上中学后由于学习动力存在差别,成绩也会天差地别。

我们回到费曼的故事,一起看一看费曼的家庭教育。费曼的成功离不开他的父亲。在费曼很小的时候,父亲就带着他一起读《大英百科全书》,在生活中我也见过不少父母带孩子进行亲子阅读来培养他们对阅读的兴趣,但费曼的父亲在做这件事的时候,有一个与众不同之处——他充分尊重费曼还是一个孩子的事实,不予说教,而且他会把枯燥的数字变成故事,使得阅读变成一件充满趣味的事情。

比如,在讲解恐龙的时候,多数父母会告诉孩子恐龙的具体高度、头的宽度,可是费曼的父亲却是这样说的:

我们来看看这个家伙到底有多大。假如它站在咱们的院子里,那么差不多有两层楼那么高,只要轻轻探一探,脑袋就可以从这扇窗户伸进来。可是它进不来,因为它的脑袋远远大于窗户的大小,进来的时候会被窗户卡住。

看,当抽象的数字变成了可见、可触摸的东西后,是多么令人印象深刻!

费曼从小便对各种知识十分感兴趣,并能在积极思考和探索的过程中享受快乐。当他有所成就时,他坚信自己能搞定任何难题,进而就会有巨大的满足感。

> **Tips**
>
> 如果一个人喜欢并享受做一件事,能从中获得巨大的满足感,自然就会充满动力。

3.1.3 父母该如何激发孩子的学习动力呢?

"兴趣是最好的老师。"

这是我们从小听到大的话,相信绝大多数父母都希望能够激发孩子的学习兴趣,从而激发学习动力。但是我发现,在真正实践时,很少有父母能够给予孩子胜任感、归属感和自主感。当"动力三感"(如图3.3所示)没有被激发时,孩子就会缺乏学习兴趣,更别提学习动力了。

图3.3 动力三感

每次提到"动力三感",我都会想起我曾经遇到的一个留学家庭。这个家庭对我的影响很大,也是我创业的首批会员客户。当时这家的男孩17岁,在二线城市一所公立学校的国际部读高二,给自己的规划是未来去美国学习环境科学专业。他的班主任介绍这个学生给我的时候,一上来就称赞了其家庭模式,后来我深入接触后,发现了几个非常有趣的点。

(1)一家三口每周会设定一个固定时间(通常在周五晚或双休日),互相交流,分享本周发生的事。

(2)男孩从小对各种"奇葩"的小动物感兴趣,如蜘蛛、蜥蜴等,有一次还将一只蜘蛛抓回家,养了一个月。他的父母并没有干涉他,而是默许了他的行为。

(3)男孩的父亲每月会给孩子固定数额的零花钱,让他自己分配住校期间的生活、学习开支。

其实这样的模式在西方家庭中并不少见，但是在传统的中国家庭中却不常见。绝大多数父母叮嘱孩子要一心学习，仿佛在 18 岁之前，只有学习这件事重要，其他与学习无关的事一概不用关心，更别提与孩子分享自己工作中或兴奋或困难的事。因为父母吝于分享，所以很少有孩子（尤其是进入青春期的男孩）愿意将心事吐露给父母。相比而言，案例中这个男孩的家庭中，孩子可以无条件地信任父母的前提是父母也给予了他充分的信任，这种强烈的归属感给孩子的人生铺垫出了一条安全之路。

此外，中国的父母很少允许孩子做一些看似与学习毫无关系，甚至自身有些难以接受的事，如在家养蜘蛛。案例中这个男孩的父母并非生物学家，也不是动物爱好者，与我们多数人一样，他们看到蜘蛛这类昆虫也会产生天然的抵抗心理。但当他们发现孩子对蜘蛛感兴趣时，他们的选择是接纳，放手让孩子做主，做他喜欢的研究。也正是因为父母赋予了男孩自主感，在男孩幼小的心灵里播下一颗热爱大自然的种子，使得男孩后来热衷于生物学与环境科学，并能参加相应的国际竞赛。最终，男孩被美国综合排名前 20 的大学录取，成为学校里的"明星"人物。

> **Tips**
>
> 如果你也想以这样的标准来培养孩子，先从下面这几句自我暗示的话开始吧。
>
> （1）我可以无条件爱我的孩子，无论他成绩好坏、容貌美丑、性格是否讨人喜欢。
>
> （2）我永远相信我的孩子，相信他可以做到任何事。
>
> （3）我爱的是孩子本身的样子，而不是闪闪发光的他。

3.2 "3岁看大，7岁看老"，提前规划做"学霸"

2022年冬奥会上，谷爱凌火了。全民称赞她的同时，留意到了她背后的女人——谷爱凌的妈妈谷燕。任何人都不是随随便便成功的，仔细回看谷爱凌的0~18岁，我们会发现她妈妈给她做了细致、系统的教育规划。谷妈妈提前培养了女儿的奥数和思维能力、中英双语能力、耐受力，鼓励她做最好的自己，而不是把注意力放在对外界的期待上。从谷爱凌3岁开始，谷妈妈就给她规划了体育和艺术项目，在不断尝试之后，锁定了将滑雪作为体育特长。

我看到无数人羡慕谷爱凌，但也有人说："给我一个亿，我也能培养出一个谷爱凌！"恕我直言，还真不一定。先不说谷妈妈极强的规划意识，就她的那份坚定、不犹豫、不纠结的态度，就不是所有人都拥有的。

我举这一例子的初衷是希望唤起各位家长的规划意识。接下来我将以年龄段为脉络，从宏观上谈一谈如何做好升学教育规划，明确目标。在很多父母的认知中，学习这件事是要等到学龄阶段，也就是6岁以后才开始。6岁以前的幼儿阶段，让孩子开心快乐地玩耍就好了。我并不否定这样的观点，只是在这里想告诉大家一个残酷的现状，那就是在中国的一线城市，"内卷"已经卷到了幼儿园，甚至是孩子刚出生时。为什么呢？诺贝尔奖得主詹姆斯·赫克曼曾经花大量精力研究不同年龄阶段的人力资本投资回报率，得出这样的结论：在孩子0~3岁进行投资的回报率是最高的，可以达到1:18，而越往后，投资回报率越低。这就解释了为什么一些父母在孩子小时候完全不管，到了中学再操心时却发现实在是太难"管教"了。

> **Tips**
>
> 0~6 岁是孩子性格和习惯养成的关键时期，所谓"3 岁看大，7 岁看老"，如果家长可以把握好 0~6 岁的幼儿阶段，将对孩子的一生产生积极、重大的影响。真正厉害的父母，懂得"规划应时雨"，更懂得"上医治未病"。

3.2.1 幼儿规划"四板斧"

对于 0~6 岁的幼儿，家长可以从兴趣特长、生活习惯、阅读习惯、语言启蒙这四个方面进行全盘规划，如图 3.4 所示。作为一名升学教育规划师，我遇到过幼儿阶段的孩子家长前来咨询，他们迫切地希望从我这里拿到一份"儿童出厂说明书"，来指导家里或过于调皮或不善表达或专注力不够的孩子。每个孩子都是独一无二的，在做规划的时候，我会用同样的方法给每个孩子测评，但是得出的结果和提供给家长的建议大相径庭。

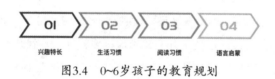

图 3.4　0~6 岁孩子的教育规划

这里举两个例子，都是我曾经接触的孩子：一个是朋友 A 家中的男孩 A，4 岁；另一个是找我付费咨询的客户 B 家的男孩 B，同样 4 岁。这两个家庭在规划上有一些共同点：父母都很注重对孩子生活习惯的培养，且都是从 3 岁开始进行英语启蒙，孩子上的都是国际幼儿园。在兴趣规划上，我给朋友 A 的建议是让孩子学武术、乒乓球、架子鼓，给客户 B 的建议则是让孩子学绘画、书法、钢琴。

不知道你能否从这两个孩子的兴趣规划上看出不同。男孩 A 好动、爱表现，喜欢与他人相处，男孩 B 则偏内向，喜欢沉浸在自己的世界里。这也决定了男孩 B 并不喜欢男孩 A 所参与的活动，男孩 A 也对男孩 B 的爱好缺乏兴趣。

除此之外，两个孩子在阅读上也表现出了差异，客户 B 注重从小培养孩子的阅读习惯和兴趣，因此到了 4 岁，男孩 B 已经可以自主阅读，也认识不少汉字。但朋友 A 却非常头疼，因为孩子好动，根本看不进去书，也没有耐心。他认为一切的原因都是孩子专注力不够。但根据我的观察，男孩 A 在打架子鼓的时候非常专心、投入。经过深入沟通和测评，最终我判断男孩 A 为动手型，更喜欢在动手实践中学习，当我们用实验、拼图、摆弄玩具等方式引导孩子学习时，孩子可以沉浸其中，学得很好。因此，男孩 A 虽然不能像男孩 B 一样自己安静地翻书阅读，但是朋友 A 可以先帮助孩子找到适合他的学习方式，以此为突破口，再慢慢引导他进行特定题材阅读。虽然这一路没有男孩 B 那么顺畅，但殊途同归，男孩 A 也可以通过发挥自身优势来获取知识。

> **Tips**
>
> 费曼学习法的第一步是设立目标。在做幼儿阶段教育规划的时候，我们可以牢牢把握四个方面：兴趣特长、生活习惯、阅读习惯、语言启蒙，结合每个孩子不同的个性特征，明确每个方面在学龄前可以达到的目标，以此来指引具体行动。

3.2.2 兴趣特长规划，请遵循这三大原则

幼儿规划的一大核心是兴趣特长规划，现在越来越多的家长重视起对孩子兴趣特长的培养，尤其是"双减"之后，大量的素质教育机构冒了出来，我们该如何选择呢？如何避免被"割韭菜"呢？

无论各种兴趣班被说得如何天花乱坠，我都希望 0~6 岁孩子的家长在选择兴趣班的时候能遵循以下三大原则。

原则一：一个体育类，一个艺术类。

众所周知，体育可以强健体魄、增强耐受力，除此之外，体育还有一

个令无数家长兴奋的点：它能提高分数！我们的传统认知中会把体育看作是与学业相冲突的，认为没有几个体育生学习好。但其实不然。在0~6岁这个阶段，我见过一些孩子非常活泼好动，父母总希望他们能安静下来看书，但他们浑身上下充满能量，完全安静不下来。这时候不妨让他们去运动，无论是跑步、踢球，还是跳绳、游泳，当他们将能量释放掉后，自然就能安静下来了。

如果说体育是用来强身健体的，那么艺术就是用来陶冶情操的。不少家长对体育和艺术有误解，认为男孩就该练体育，女孩就该学艺术，其实这里说的"一个体育类，一个艺术类"是不分男女的，如果一个女孩热爱打篮球，一个男孩会跳舞，反而能产生差异化竞争。

让很多家长头疼的问题是，给孩子报了太多的兴趣班，孩子上学以后时间难以分配，不知道该如何删减。对于这个问题，我的建议是在孩子0~6岁时多尝试各种兴趣班，6~10岁时逐步删减成一个体育类，一个艺术类。当然，我并不鼓励让孩子同时期学习太多的兴趣班，可以每个兴趣班学习3~6个月，一来了解孩子是否真的有兴趣，二来观察孩子是否有相对优势。很多人会用"天赋"这个词，但我认为有绝对天赋的人毕竟是极少数，对于大多数的普通孩子，只要找到他相对喜欢和擅长的项目就可以了。

原则二：选择孩子喜欢且擅长的。

在前文中，我们讲过胜任感，当一个孩子在他相对擅长的领域中发光发热时，自然会有无限的内在动力，也正是因为热爱，才能坚持不懈，才能做得好。有些父母也许会说，"我"不知道孩子喜欢且擅长什么，他有一段时间喜欢跆拳道，但很快就不喜欢了，又开始喜欢游泳，这可如何是好？

10岁之前都是孩子的探索期，在这期间可以允许孩子多尝试不同的项目，从而找到自己喜欢且擅长的那个。但是有一点需要家长注意：太多的孩子之所以只停留在兴趣层面，而没有发展成特长，就是因为从兴趣到特长是一条漫长的路。我们都听说过"一万小时定律",也听说过"刻意练习",但这对于孩子来说并不容易。在反复枯燥的训练下,可能多数孩子会选择放弃,这时就需要家长的观察、鼓励、支持和陪伴。可以说,如果一开始家长没有通过找到孩子的优势,帮助孩子培养兴趣,就没有后面走向特长的道路了。在后续的探索之路上,也只有陪着孩子突破艰难的关卡,才有可能真正将兴趣发展为特长,如图 3.5 所示。

我在后文中会给大家介绍评估孩子的天赋和优势的具体方法。

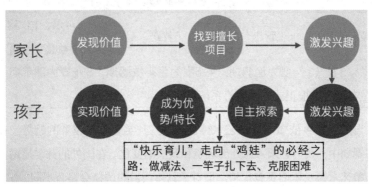

图3.5　孩子的兴趣发展为特长的路径

原则三：将兴趣规划与升学有机结合。

多数家长会把目光放在中、高考这条极"卷"的赛道上,但我在给家庭做规划的过程中,都会综合一个家庭的各种情况,给家长提供多条出路,如出国留学和参加特长竞赛。要走这两条路,我建议从小培养孩子的体育和艺术特长。表 3.1 列出了规划体育和艺术特长的最佳年龄,供大家参考。

表3.1 规划体育和艺术特长的最佳年龄

体育特长规划			
篮球：6岁	乒乓球：3~5岁	武术：4岁	滑冰：4岁
足球：6岁	网球：5岁	跆拳道：6~7岁	田径：10岁+
排球：13岁	棒球：6岁	击剑：6~8岁	滑雪：4岁
羽毛球：4~5岁	游泳：5岁		
艺术特长规划			
钢琴：4~5岁	管乐：8~9岁	舞蹈：4岁	声乐：13~14岁 *考虑变声期
美术：3岁（3~4岁为涂鸦期，4~5岁为色彩敏感期，5~6岁为图示期，9岁左右再考虑报正式的绘画班系统学习）			

当然，如今依靠体育和艺术特长在国内升学有越来越难的趋势，在实际的规划中，我们必须考虑外部环境和政策的变化。在国外的升学道路上，体育和艺术特长依旧具有优势，但对于具体项目的选择会略有不同。

对于0~6岁孩子的特长规划，如果能够同时满足以上三大原则，是非常完美的。如果不能，最好能满足其中两项原则，使投资回报率最大化。

明确了升学和特长发展的大目标之后，家长要做的事情就是陪伴和投入，这里所说的投入包含时间投入和金钱投入。我们需要时不时与孩子交流心得，询问他上完兴趣班后的感受，从而判断、调整方向。在进行升学规划咨询的过程中，有些家长向我反映自己的孩子对各种事物都感兴趣，但是精力有限，尤其是上学以后，不可能"遍地开花"。针对这种情况，父母需要和孩子进一步交流，挖掘孩子喜欢一种乐器或一项运动的真正原因，是真的热爱这件事本身，还是喜欢和别的小朋友在一起，抑或是喜欢授课老师。孩子会因为各种原因而表现出对一件事物的喜欢，但只有爱上事物本身，才能走得长远。

> **Tips**
>
> 从兴趣到特长,是一条并不好走的路,0~6 岁的孩子更需要家长投入时间,去陪伴、交流、一起探索、低成本试错,从而规划出较为合适的路。

3.3 用好多元智能,发挥优势做"学霸"

我的客户来自全国各地,在近几年的教育咨询中,我发现了一件很神奇的事情:多数一线城市的家长从孩子幼儿阶段就开始关注孩子的教育,但部分二线城市及二线以下城市的家庭,对幼儿阶段和小学阶段前期的教育不够重视,他们总是等到孩子小升初,也就是至少上了小学五年级,发现孩子成绩不太好,才开始着急。甚至有些家长等到孩子中、高考前才会猛地惊醒,发现孩子的教育问题。

当然,我并不是一个盲目"鸡娃"的倡导者。我只是希望更多家庭早点意识到教育规划的重要性。从费曼学习法的原理来说,无论是大方向上的升学,还是具体到学习某一门学科或知识,设立目标、明确终点都是至关重要的。就像我身边很多成年人茫然度日一样,缺少方向感的孩子只能在电子游戏或网络视频等虚拟的世界中寻找寄托。这对一个教育工作者来说,是非常不乐意看到的事情。

如果家长已经错过了孩子 0~6 岁的幼儿阶段,那么小学阶段一定要重视。因为小学这 6 年中,如果能好好抓住孩子的优势进行培养,那么在接下来的中学阶段,家长和孩子将会轻松度过,孩子会更有后劲、更容易成为"学霸"。那么,究竟该怎么做呢?

3.3.1 善用优势智能，趁早洞察孩子的发展潜力

优势智能的全称是"多元智能理论"。这个理论由美国教育学家和心理学家加德纳（H. Gardner）博士于 1983 年提出，一经推出便风靡全球。该理论认为人类的思维和认识世界的方式是多元的。

多元智能理论的提出，背后有一个故事。20 世纪中期，苏联人造地球卫星率先上天，震惊了美国政府，引起了人们对教育的深刻反思。于是，美国的专家开启了对人类的内在探索。著名的哈佛大学也是在此时开展了对人类智力潜能的研究。1983 年，加德纳博士作为该领域的引领者，通过大量的心理学研究论证，证明人类的思维和认识世界的方式是多元的，进而提出了多元智能理论。

有研究表明，多元智能理论比智力理论更能全面地反映一个个体的潜力，原因在于智力往往以语言能力和数理逻辑能力为核心，以整合的方式存在。通俗点说，大多数人认为从小能把语文和数学学好的人才是"学霸"苗子，而那些走艺术或体育特长生路线的孩子常常被人误解为智商不高、学习不好，特长生似乎是无可奈何的一种选择。这样的偏见其实是由人们对智力的片面理解产生的。

加德纳博士很早就看到了智力理论所带来的潜在问题，即人们容易对"人"进行分类并贴上标签，以判断人的短处而非长处。每个人都是多种智力组合的个体，这也解释了在当今多元的时代背景下，行行出状元，并非只有语文、数学、英语学得好的人能成功。

多元智能理论将人类的智力潜能分为以下八大类型。

◎ 语言智能：表现为人对语言的掌握和应用能力，体现在用词与思考上。语言智能高的人能够用丰富的语言来表达思想。语言智能高的人，语文、英语成绩好，擅长阅读理解类题目，答题具有规范性。

◎ 数理逻辑智能：表现为人对逻辑关系的推理和表达能力，善于用逻

辑解决问题。数理逻辑智能高的人，数学、物理、化学成绩好，容易理解每一门学科的逻辑架构。

◎ 视觉空间智能：表现为人对色彩、形状、空间位置的表达能力，对视觉世界有准确的感知，对三维空间具备辨识的思维能力，能辨别感知物体之间的联系。视觉空间智能高的人，几何成绩好，空间想象力好，在绘画、审美方面表现得可能较为突出。

◎ 音乐智能：表现为人感知、表达音乐的能力，对韵律、节奏、曲调、音高、音质等敏感度高。音乐智能高的人可以发展音乐类艺术特长。

◎ 身体运动智能：表现为人的身体协调能力、平衡能力，运动的力量、速度、灵活性较高，可运用身体交流和解决问题。身体运动智能高的人可以发展体育类特长。

◎ 人际智能：表现为对人的表情、语言、手势、动作等的敏感程度及对此做出有效反应的能力，能觉察体验他人的情绪并做出适当反应。人际智能高的人能够胜任班干部等工作，擅长与人打交道，在语文、英语中与人相关的阅读理解和写作方面表现较好。

◎ 内省智能：表现为个体洞察和反思自我的能力，对自己的感觉和情绪比较敏感，了解自己的优缺点，能用自己的知识来引导决策、设立目标。内省智能高的人反思能力强，更容易在风险来临时提高警惕，因此更少犯错。

◎ 自然智能：表现为观察自然的各种形态、对物体进行辨认和分类、洞察自然和人造系统的能力。自然智能高的人，生物、天文、地理及历史成绩较好。

大家可以结合以上描述，观察自己或孩子可能在哪些智能上表现突出。过往我给上百个孩子做过测评，只有极少数孩子在一些智能上表现出缺失，多数孩子会在某些智能上分数较高，在某些智能上分数较低。

3.3.2 如何依据多元智能理论帮助孩子提高能力？

通过前文的介绍我们发现，多元智能理论强调的是弹性的、多维度多元素组合而成的智力观，所以它不是一种能力，而是一组能力。每个孩子的能力组合是不同的，且是有弹性的，也就是说，人的某一项能力不是一成不变的，而是以适当的方式开发后，可以使长板更长，短板不短，这也是很多父母的诉求——希望孩子可以充分发挥优势，但同时也希望不要过于偏科，不要被短板拖后腿。相反，如果有些孩子原本在某些领域有潜力，但父母没有发现，或者不够重视，就会埋没孩子的天赋。接下来我们就一起来看看如何帮助孩子提高能力。

我们需要给自家孩子做一个测评。

为什么需要测评呢？因为每个孩子都是独一无二的，哪怕出身于同一个家庭，上同样的学校，处于同样的年龄段，不同的孩子能力也完全不同。在过往的咨询案例中，我发现同样是小学五年级的孩子，有的孩子上知天文下知地理，英语已经到了高中水平，有的孩子却连简单的校内课本知识都学不会，但是音乐天赋和人际交往能力非常突出。作为拥有十年经验的教育工作者，我一直秉持着"因材施教"的原则，既然每个孩子都不同，我们就不能用同一个标准来要求所有孩子。

多元智能测评适用的最小年龄是3岁，年龄越大，对自己或孩子了解得越清晰，测评结果越准确。但值得注意的是，年龄越大，孩子的行为模式越固定，改变起来就越难。我们让一个5岁的孩子从不喜欢读书到喜欢读书其实并不难，但如果劝导一个不爱读书的成年人养成阅读习惯，那就非常难了。我之所以在少儿的教育规划中尤其强调多元智能，正是因为3~12岁是培养孩子多元智能的敏感期。前文也说过，在这个年龄段培养孩子的投资回报率是最高的。这个年龄段的孩子会逐渐展现出越发稳定的兴趣和天赋倾向，同时也不会太难调整。

这里我举两个过往来我的升学规划营进行测评的学生的案例。为了保护客户隐私，我只展示测评结果，如图3.6所示。

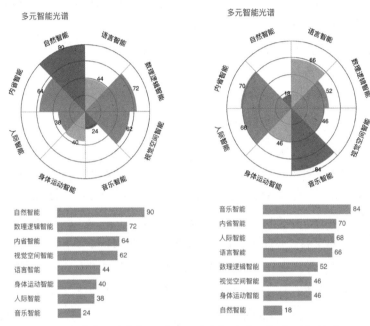

图3.6 学生A（左）和学生B（右）的多元智能测评结果

大家一定很难想到，学生A和学生B来自同一个家庭，有相同的父母，在同一所小学读书，年龄只相差1岁，但优势智能却截然不同。为了方便理解，我对各项智能评分进行定义：0~10为很弱，10~30为较弱，30~50为中等，50~70为较强，70~90为很强。

很有趣的是，学生A较弱的音乐智能，是学生B的优势，而学生A较强的自然智能，却是学生B的劣势。针对学生A和学生B的不同情况，我给了他们父母不同的建议。

对于学生A而言，要强化自然智能和数理逻辑智能，由于音乐智能不影响大方向的发展，可以顺其自然。强化的方式包括带孩子去大自然及历史博物馆参观，给孩子买一些科普类书籍增强孩子对自然万物原理的理解。此外，还可以给孩子买逻辑思维相关的书籍，加强孩子的逻辑性。小学阶段的规划方向以数学为学科特长，在夯实课内基础的情况下，可以尝试送孩子学习奥数，往竞赛方面培养。此外，在发挥优势的前提下，人际智能也可相应弥补，方式可以是让孩子主动分享自己喜欢的话题，如动植物、天文地理现象等。

而对于学生B而言，充分发展其音乐方面的优势则尤为重要，这体现在兴趣班的选择上，如声乐、乐器类兴趣班。学生B除了音乐智能，其余各方面的智能都不弱，尤其是排在前几位的内省智能、人际智能和语言智能，我给他们父母的建议是引导孩子在阅读上发力，如给孩子报名阅读活动、阅读类课程等。语言智能高的孩子往往有更强的阅读能力和表达能力，阅读量提高后，理解力就会增强，更容易吸收老师在课堂上所讲的内容。对于学生B的短板——自然智能，可以通过适当购买科普类书籍，逐渐培养孩子的阅读兴趣来提升他对于自然的感知力。平时生活中，学生A在分享他喜欢的自然类话题时，学生B也可以听一听。家长也可以多带学生B外出社交，帮孩子做情绪管理。在参与重大活动以后，带学生B做复盘、总结，强化他的内省智能。

> **Tips**
>
> 输出是费曼学习法的重要步骤，复盘也是费曼学习法的重要步骤。这么看来，费曼学习法可以渗透到教育规划的方方面面。

对孩子的多元智能进行测评有什么好处呢？

首先，父母会更加了解孩子的优势，从而可以调整之前不当的沟通方式。在做测评和咨询之前，学生A、B的父母习惯看孩子的短板，还拿两个孩子做比较，经常会对学生 A 说，学生 B 的性格开朗，讨人喜欢，吐槽学生 A 是一个"闷葫芦"；但到了学生 B 面前，又会称赞学生 A 善于思考，数学成绩优异，希望学生 B 向学生 A 学习。当父母不再将两个孩子进行比较，而是把注意力聚焦在每个孩子的独有优势上后，就能更好地激励孩子，孩子感受到了爱，生活便会更加积极。

其次，孩子会更了解自己的优势和潜力，更有动力。他们感到前途更加光明，自然更容易取得好的结果。

经过测评，学生 A 进一步发展自身优势，提前学习物理、生物，并参加了小学组的竞赛，获得了很多奖项。他非常开心，充满了学习动力，也更加自信。同时，学生 A 将自己的优势——逻辑思维——迁移到了其他学科上，语文和英语成绩也得到了提升。而学生 B 组建了校内第一个摇滚乐社团，不定期组织同学参加校内外大型比赛，充分发挥了音乐特长和人际交往能力。对于自己的短板——自然智能，虽然他无法像学生 A 那样提前学习物理、生物，但会在闲暇时听学生 A 分享自己的新发现，对大自然的兴趣被大大激发。

> **Tips**
>
> 通过优势智能评估和教育规划，父母变了，孩子变了，整个家庭系统也会发生改变，好的状态就会随之而来。

3.3.3 小学阶段要不要超前学？

很多来咨询的小学阶段孩子的家长会问我这样一个问题："现在周围几乎所有人都在超前学，您觉得有必要吗？"我的答案是：取决于孩子的能力，有些孩子确实适合超前学，也并不排斥。但对于大多数孩子，比起超前学，我更鼓励超纲学，并且是基于孩子的优势潜能，在擅长的领域"自主超纲学"。

这听起来有一点拗口，通俗来讲就是，如果孩子喜欢语文，在多元智能测评中语言智能分数高，说明孩子喜欢且擅长语文学科，那么，超前学就是把之后的语文课本中的汉字、古诗词都提前学了。这么一来就会有一个问题：孩子很容易认为课堂授课是一种重复学习，会失去在校学习的兴趣。

自主超纲学又是什么呢？因为语文是孩子喜欢且擅长的学科，他本来就有意愿学习，具备学习动力，那就多给他增加课外阅读量，以此来拓宽知识面，增大识字量，提高表达能力等。

据不完全统计，现在有80%的学生在小学阶段"吃不饱"，因为课本的难度还停留在10年前甚至20年前的水平。现在的孩子的信息获取途径比从前的孩子多很多，见识更广，懂得更多。小学阶段的课本太简单带来了很大的麻烦，那就是等这些孩子上了初中，面对突然提升的学习难度会无法适应。而剩下20%"吃撑"的孩子，由于能力不足，到了初中更是无法适应，跟不上大部队。这么看来，无论是对于80%"吃不饱"的孩子还是对于20%"吃撑"的孩子，都应该个性化地安排一部分自主超纲学的内容。

2022年上半年出炉的新课标对小学阶段的孩子提出了更高的要求，如果我们不注重培养孩子的阅读习惯，增加阅读量，可能孩子未来面临的不仅是语文成绩不好，数学应用题也读不明白。

作为家长，我们应该如何安排孩子自主超纲学呢？我根据多元智能测评的结果给出以下建议。

（1）对于语言智能较高的孩子，我建议从更小的时候开始让孩子大量阅读，还可以于课外规划一个国际英语课，剑桥系列的教材可以学起来，参加一些国际认证的考试，如KET、PET、FCE等；对于语言智能一般或较弱的孩子，家长要有意识地引导，可以从孩子感兴趣的话题入手，一点点培养孩子的阅读兴趣。

（2）对于数理逻辑智能较高的孩子，小学阶段可以尝试让孩子学习奥数，前提是孩子的课内数学成绩一直保持在 90 分以上。如果孩子很排斥奥数这种超前学，就可以转为更有意思的超纲学，做一些兴趣类数学谜题，如"门萨思维谜题"系列。另外，还可以尝试让孩子学习编程，参加信息学奥赛。

（3）对于自然智能较高的孩子，家长可以多陪孩子去自然博物馆参观，参加自然类比赛，也可以在孩子不排斥的前提下，尝试提前学习初中生物、物理、化学等学科。

（4）对于各项智能分数不高，课内知识消化不良的孩子，要优先培养好孩子的预习和复习习惯，课前学一遍，上课听一遍，课后复习一遍，确保孩子学习三遍后能明白。

> **Tips**
>
> 我们会发现，当我们结合孩子独有的智能优势，给孩子规划自主超纲学后，他们会更有目标感，更爱学习，更有信心。而只有这样，我们才算彻底实践了费曼学习法的第一步——设立目标。孩子相信自己能学好，这种自信会让他们走得更远。

3.4　中考录取率五五开？提升能量做"学霸"

前文中我讲述了如何用多元智能理论为幼儿及小学阶段的孩子进行测评和规划，这一节我们来讲一讲初中阶段的规划。据我的观察，很多家长即便在小学阶段不重视孩子的学习，孩子上初中后也会不自觉地紧张起来，一是因为初中的课业难度大幅度提高，知识量是小学的 6~8 倍；二是因为"双减"政策颁布的同时，教育部明确了未来的中考将实现五五分流，也就是说，有一半的初中生无缘高中。中考落榜后,孩子们要么被动选择出国留学,要么去上职高、技校,走职业高考路线。很多家长仍然希望孩子走文化课升学路线,那么面对残酷的竞争,家长该怎么做呢?

别着急,大家可能听说了2022年北京中考因难度低上了微博热搜。北京中考数学卷第一题要求学生在四个选项中选出哪一个是圆锥体,网友直呼简直是幼儿园难度。除了北京,不少地区,如广州、深圳、杭州的中考都变简单了。一面是政策要求五五分流,另一面是中考难度降低,这看似矛盾的两件事,到底给了家长和孩子怎样的启示?

费曼学习法强调目标的设立,与升学有关的目标离不开政策和局势的变化。从大方向来说,中考难度降低是想告诉我们:不要再依赖补习班,快去学好课内知识。这也是给初一、初二乃至小学的孩子"松绑"。但中考变简单了,高考却变难了,如果只是依赖课内知识,不去做规划,那么,即便过了中考关,顺利考上了高中,他日高考也未必能考上心仪的大学。

接下来我将结合过往案例,从初中生容易出现的,与学习成绩直接相关的两个问题说起。

3.4.1 总和家长对着干?你需要评估一下孩子的心理状态!

初二学生小C的父母带着孩子来找我的时候,反复跟我说,孩子学习不开窍,给他报了所有学科的补习班,有些学科,如物理和数学,既上了大班课,又上了一对一,但分数就是上不去。后来我和小C单独聊了很久,发现他一点也不笨,小学的时候甚至是个"学霸",门门课在90分以上,而且他喜欢拉小提琴,每次学校有大型演出,老师都会让他上台表演,大家都很喜欢他,他的小学生涯过得很开心。可是到了初中,一切都变了,由于课业太忙,父母给他停掉了小提琴课,学校的氛围很"卷",从老师到同学都喜欢学习成绩好的孩子。初一才过半学期,小C的成绩就出了问题,父母急得到处给他报补习班,但是大半年过去了,他的成绩不见一点好转。

是因为小C上课听不懂吗？是因为小C无法掌握学习方法吗？是因为小C太笨了吗？都不是，小C的成绩出现问题，是因为他失去了自信。小C在小学时很受欢迎，因为大家喜欢会讲笑话的他，喜欢演奏出色的他，喜欢乐于助人的他，但是到了初中，这一切都变得不再重要，重要的只有成绩，只有分数。一次考试失利让他遭受了老师、家长，甚至是同学的白眼，他失望了，觉得自己学不好，于是陷入了"习得性无助"的陷阱，产生了精神内耗。遇到不会做的题目，他就开始怀疑自己。他的压力太大了，以至于只敢在舒适圈里做自己擅长的语文和英语题，不敢挑战难度较高的数学和物理。

心理能量能否测出来呢？答案是能。

我使用了联合优势测评中心的中学生心理健康测评，对小C进行了心理状态的评估，发现他存在较为严重的心理问题。如图3.7（左）所示，健康的心理状态在各个维度的得分为1或接近1，但是从小C的得分来看，他有非常严重的焦虑、学习压力、心理不平衡问题，且人际关系也出现了问题，难以适应学校生活。这些原因往往是家长容易忽略的，却是影响孩子学习成绩的底层原因。

由于小C的情况比较严重，时间紧迫，家长和小C参与了我的陪跑项目。接下来的大半年时间，我优先帮小C解决了心理上的问题，通过沙盘游戏、欧卡、冥想等一系列心理学工具，以及定期安排小C与团队的心理师沟通，使小C的情况有了明显的变化，如图3.7（右）所示。

通过小C的故事，我希望唤起各位中学生家长对孩子心理健康状况的重视。很多时候孩子学习成绩不好只是表象，是存在于"冰山之上"显而易见的部分，但现象背后的原因却被藏在"冰山之下"，不易被察觉。我见过很多父母愿意花钱送孩子上补习班，但往往付出得不到回报，还浪费了大量的时间和金钱。原因是补习班大多只强调学习方法和学习内容，治标不治本。我猜这也许是国家严格规范学科类课外班的一大原因。

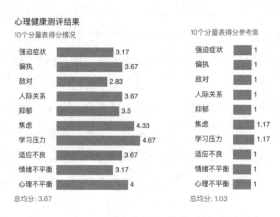

图3.7　小C心理健康测评结果（陪跑前后）

> **Tips**
>
> 　　一般情况下，孩子在12岁左右会进入青春期，正值初中阶段，孩子容易表现出不同程度的叛逆。其实青春期的孩子比任何时候都更需要父母的支持和信任，当你和孩子的矛盾无法调解时，不妨求助专业人士。

3.4.2　成绩不佳？作业拖延？你需要评估一下孩子的学习风格！

　　小文妈妈是我的朋友，小文上初中以后，她妈妈向我抱怨得最多的一件事就是小文不爱阅读。小文妈妈是个"学霸"，当然知道在现行教育形势之下，得阅读量者得天下。但是在小文很小的时候，小文妈妈由于工作忙碌，忽略了对亲子阅读的规划。等到小文上中学后，妈妈给她买了很多课外书，故事类的、科普类的，应有尽有，但小文很少读。据小文妈妈反映，小文还经常拖延作业，尤其是语文阅读理解和数学应用题。小文妈妈认为是因为这些题目较难，小文出现了畏难情绪才不愿意做。她让我有空时和小文聊一聊。

我跟小文沟通了两个小时，不断深挖她行为背后的原因，终于发现，小文之所以成绩不佳，作业拖延，是因为她是典型的"听觉型学习风格"。她不擅长阅读，也读不进去，所以如果一开始就强迫小文以阅读为获取知识的主要途径，她就会觉得难度很大，压力很大。但是小文很擅长听和说，所以她的课堂效率很高，老师也反馈她课堂表现不错。

图 3.8 所示为小文的学习风格测评结果。A 表示"听觉的"，是指通过听、说或讨论等方式来学习，这种风格的人擅长向他人解释新的想法或发生的事情，也乐于与老师和同学讨论；K 表示"动手的"，是指通过实践、案例、感官刺激等方式来学习，这种风格的人擅长从失败中学习，喜欢通过动手实践和操作来了解事物的原理；V 表示"视觉的"，是指通过图形、符号、空间、色彩等可视化的物体来学习，这种风格的人可以通过做标记、画图表等方式加强对知识的理解和记忆；R 表示"读写的"，是指通过文字获取知识，这种风格的人擅长在大量阅读之后获得经验和知识。

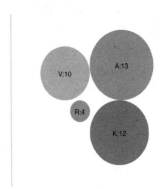

图3.8　小文的学习风格测评结果

很明显，小文的听说能力非常突出，而读写能力较弱，说明她非常不擅长以阅读的方式来学习。我建议小文妈妈先不要逼小文阅读，而是选择让小文多听，每天利用早餐时间听古诗词、文言文、英语单词和英语课文等。小文妈妈在闲暇时，也可以读书给小文听。除此之外，我也鼓励小文组织学习小组，通过与大家一起讨论来加强对文章的理解，以"说"的方式来加深记忆。

当然，并不是说听说或其他任何方式的学习可以取代阅读，尤其是在当今的大语文时代。但是，如果早期没有对孩子进行阅读方面的启蒙规划，贸然强迫孩子阅读是有风险的。这时不妨先以孩子擅长的方式出发，等孩子的能力有所提升后，再为其选择对应难度的阅读题材。

> **Tips**
>
> 费曼学习法强调通过输出强化输入，这在学习风格的测评和规划中也得到了体现。只是输入的方式千千万，我们每个人要找到适合自己的方式。比如，读写型（R）风格的人适合以写作的方式来强化输入，动手型（K）风格的人则更适合以实验的方式来验证所学知识。

中考改革后，很多家长陷入焦虑，建议家长明确目标、做好规划，以优势智能评估寻找孩子擅长的项目，以心理健康评估保证孩子处于良好的学习状态，以学习风格评估做到真正的因材施教，帮孩子找到个性化的学习方法。孩子进入初中后，很多家长会发现他们不像小时候那么乖巧了，会有很多叛逆的举动，情绪也忽高忽低，这都需要家长引起重视。提升能量、找对方法是初中生教育规划里不可缺少的重要环节。

> **Tips**
>
> 说到底，规划是让孩子拥有选择的权利，而不是无路可走，只能被时代趋势推动着走一条不愿意走的路。不提前规划好升学路径，就会被升学政策规划。

3.5 拒绝"假努力",调整方法做"学霸"

"好不容易考上高中,最后需要冲刺的三年来了。"

学生时代的我们,总把高考当成人生的终点,殊不知在那之后,还有漫长的未知的路等待着我们走。但无论如何,没有一个人会否认高中三年的紧迫性和重要性。

伴随着"北京中考题简单"一事上热搜,"全国高考数学卷太难"也上了热搜。中、高考难度差异之大,似乎敲响了警钟,告诉所有人——高中要好好学!

如果父母在高中以前就为孩子做好了规划,那么高中三年自然不用过于发愁;但如果没有,说实话,可以选择的路已经少了许多。鉴于多数父母把高考看作唯一的升学路径,在这一节,我将重点以高考为目标,和大家聊一聊学习方法。

3.5.1 埋头刷题,不如退而反思

2022年冬奥会时,谷爱凌说:"从小我就每天晚上睡10个小时的觉。"这句话震惊了网民,更有一些高中生用它来当挡箭牌,和父母哭诉自己睡眠太少。是啊,我们身边或许都有这样的"学霸",该吃吃该睡睡,但学习任务一点都不落下。不是因为他们智商比别人高,而是因为他们掌握了学习方法。

我的学生中最不缺勤奋努力的孩子,哪怕一个孩子在小学、初中时得过且过,到了高中他也不敢再马马虎虎,除非他早就放弃高考,另谋出路。然而,在过往接触的高中生身上,我经常看到一种可怕的现象:很多学生用了几乎除睡觉外所有的时间在学习,但是学习成绩依然不理想。他们认真上课,认真做作业,笔记记得满满当当,但是考试还是一塌糊涂,令人百思不得其解。在我对上百个案例进行研究分析之后,我得出了一个结论:

他们中90%以上的孩子都在"假努力",他们是在努力学习,但是缺乏反思,不复盘、不总结,只是一个劲儿地往前跑,导致努力与回报不成正比。

每个人的时间和精力都是有限的,高中生再勤奋、再努力,一天也只有24个小时。这24个小时,我们可以分配给阅读、做题、思考,如果哪一部分用时超出了预期时间,我们就不得不牺牲睡眠时间,但牺牲睡眠时间的结果是精力跟不上,学习效率下降,得不偿失。既然时间再挤也挤不出来多少,那么我们能做的就是提高效率。如何提高效率呢?关键在于反思与总结。反思与总结能帮助我们调整学习重点和努力方向。重点和方向找对了,成为"学霸"就不是难事了。

对于高中生而言,如何做好反思与总结呢?

这里以高中语文为例。有一道考试题是这样的:第四自然段在文中起到什么作用? A、B两位同学的答案都是"点明主旨"。老师给画了个叉——这道题做错了。接下来,A和B两位同学是如何对待这道错题的呢?

A的处理方式:查看答案发现,这道题的答案不是"点明主旨",而是"承上启下"。A把正确答案抄下来,这道题就算结束了。

B的处理方式:这道题的答案不是"点明主旨",而是"承上启下"。B很好奇,除了"点明主旨""承上启下",还有哪些知识点是对应这个考点的。于是B顺着这个问题继续探索,查阅资料,发现原来还有"开门见山""渲染气氛""呼应标题"等。那么每一个知识点分别是什么意思呢?使用场景是什么呢? B顺着这个问题,又往上找答案,直到他把这一类的题目都弄明白。

A和B不同的处理方式正是"学渣"和"学霸"对待错题的不同方式。我们会看到,B比A厉害的地方在于,他不停留于错题本身,而是顺着错题的知识点向上探索,由点及面地"啃"透相关的知识点,错一道题,想一类题,确保下次这一类题都不会再错。

总结一下，"学霸"是如何做好反思与总结的呢？如图 3.9 所示。

图3.9　反思与总结的正确步骤

步骤一：分析问题与答案。由一个知识点找到对应的知识面。

步骤二：错题归档。题型千变万化，但考点就那么多，万变不离其宗，要找到底层规律。

步骤三：专项训练。找到做错的题型，进行专项训练。

> **Tips**
>
> 复盘、反思、总结，这是费曼学习法中非常重要的步骤。而对于高中生而言，反思尤为重要。

3.5.2　面面俱到，不如"田忌赛马"

在前面几个章节中，我用了很多篇幅讨论"优势"，每个人都有优势学科，相应的，也会有劣势学科。我对自己也做过多元智能测评，结果是我的自然智能分数很低，这也解释了为什么高中时我学不好化学。虽然化学的很多知识点都是靠背诵记忆的，但我不喜欢背诵，所以每次考试都会出现记忆出错、张冠李戴的情况。相较而言，我更喜欢数学，因为数学是通过逻辑分析而非背诵来做题的。

可能有人会说，高考不允许偏科。确实，如果能够补齐学科短板，整体成绩就会大幅提升，但是我们很难要求劣势学科和优势学科一样优秀，毕竟面面俱到对于多数人来说是非常困难的。于是，我采用了"田忌赛马"的策略，如图 3.10 所示。田忌赛马的故事大家都听过，这个故事给我们的启示是，可以从劣势中找到优势，要学会舍小取大。

每年高考,题目无论难度高低,都大体遵循"二八原则",即80%是基础知识,20%是延伸知识。对于优势学科,我们当然要全部拿下,但是对于劣势学科,优先把那80%拿下就可以了。我就是用这样的策略应对高考化学的。当时我算了一下,如果我数学和英语多拿点分,即便牺牲化学20%的分数,也可以考上重点大学。接下来我需要进一步分析,选择题、填空题、大题大致如何分配这80%的分数。我当时做分析时,发现选择题和填空题前85%的题是基础题,往后10%的题是中档题(也就是努力一下可以做对的题),只有5%的题是延伸题;大题的第1~3题大概率是基础题,第4~5题大概率是延伸题。

心里有数,就会遇事不慌。虽然我化学试卷从来没有拿过满分,在班上排名也一般,但是我没有让这个劣势学科阻碍我达到目标——考上重点大学。

> **Tips**
>
> 如果你到了高三还没有把短板补上,那就按照上述策略去努力吧!有可能的话,早做规划,早点弥补短板,是更为明智的选择。

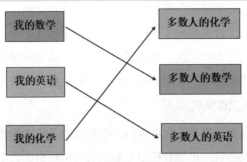

图3.10 用"田忌赛马"的策略来应对高考

3.5.3 悬梁刺股，不如张弛有度

我有两个学生，还是叫他们小 A 和小 B 吧。小 A 和小 B 是同学，晚自习的时候，他们都需要完成一张英语试卷。40 分钟后，小 A 完成了试卷，小 B 只做了三分之一；60 分钟后，小 A 对完了答案，找到了错因并做好了错题整理，准备去跑步，小 B 还在做试卷；100 分钟后，小 A 准备回宿舍洗漱睡觉，小 B 才发现快到熄灯的时间了，只能赶紧写完试卷。

我们来对比一下小 A 和小 B 晚自习花了多长时间在学习上。小 A 花了 60 分钟，小 B 花了 100 分钟。那么谁的学习效果更好呢？当然是小 A，因为他不仅完成了试卷，而且做了反思和总结。

你可能要问，是不是因为小 B 基础比小 A 差？我们不能要求两个基础不一样的人有同样的学习效率。确实，但是小 B 做试卷的 100 分钟里，他实际上在做什么呢？表面上看，他和小 A 一样在做题，但实际上他脑子里在想前一天晚上看的视频。

现在的教育形势对高中生提出了更高的要求，从 2022 年的高考卷就能看出来，题目的阅读量增加，对孩子的耐受力是很大的考验。像小 B 这样做着做着题就开始走神，就是耐受力低的表现，这说明他无法集中精力专注地完成任务。我想，也许会有很多高中生存在类似的问题，有些学生会苦恼地说："我其实也知道专心很重要，但就是做不到。"

这里给大家推荐番茄工作法，如图 3.11 所示。番茄工作法就是以 25 分钟为一个单位，确保在每一个 25 分钟内专注做一件事，并且不受打扰。完成 25 分钟的专注工作后休息 5 分钟。我们需要准备一个计时器、一份可以随时写下待办事项的活动清单、一份今日待办工作计划表，以及一份用于记录实际所用时间的记录表。

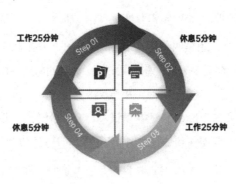

图3.11 番茄工作法示意图

在使用番茄工作法的时候,要注意以下3点。

(1)防止被打断。我们可以把手机关闭或放在其他房间,并把手机设置成静音。一开始实践的时候,我们还需要不停地自我控制,以防一不留神被手机分散注意力。

(2)努力进入心流状态。学习时要想进入状态,就需要进入心流状态,这样才能事半功倍。如何进入心流状态取决于每个人的习惯,有些人需要在绝对安静的环境中才能保持专注,有些人却需要有一些背景音才能保持专注。如果你不了解自己的习惯,可以先试一下哪种环境更适合自己。

(3)要专注,也要劳逸结合。番茄工作法设定了5分钟休息时间,这5分钟的休息必不可少。在上述案例中,小A在完成一项任务后,会让自己放松一下,如跑跑步、泡泡脚,这些都是可以的。但是尽量不要拿起手机,因为多数人一看手机,就没完没了了。

> **Tips**
>
> 费曼学习法强调科学、效率,我们学习不必像古人那样悬梁刺股,那样做很容易陷入"假努力"。

这两年伴随着"双减""新课标""中、高考难度变化"等教育政策的调整,很多学生和家长陷入了未来将何去何从的迷茫。其实，在这个强调个人品牌的年代，找到自身优势，明确未来的发展目标，自然会拥有学习动力，具备很高的心理能量。这样再结合恰当的学习方法，就会事半功倍，走向成功。父母的认知影响着孩子的人生，如果父母拥有规划的意识，就能为孩子的人生保驾护航。如果你问我教育规划的终极目标是什么，我想用 12 个字来概括：手中有图，脚下有路，心中有光。

本章小结

◎ 教育规划中渗透了费曼学习法的关键词。

◎ 教育规划的总原则是尽早开始。若不提前规划好升学路径，就会被升学政策规划。

◎ 教育规划的前提是家长清楚孩子的优势。一切动作若离开了孩子的天然优势，就会变形，最终双方都会陷入痛苦之中。

思考与行动

◎ 你观察和了解过孩子或自己的优势吗？

◎ 如果你对孩子或自己的优势不够了解，就赶紧使用科学的工具做一下测评吧。

第四章
实战:用费曼学习法提升底层能力

在过往的咨询中，家长很喜欢问我这样一个问题："我家孩子学习不好，是学习方法不对吗？老师你有没有专门讲学习方法的课程？"

的确，市面上存在各式各样的学习方法，如番茄工作法、康奈尔笔记法、艾宾浩斯记忆法、舒尔特方格训练法、费曼学习法。在这个时代，我们不缺好的学习方法，但为什么很多人依然学不好呢？是因为这些学习方法本身有问题，还是因为自己用得不对呢？我觉得都不是。究其原因，大多数人对学习方法的理解都浮于表面，并没有真正把握其精髓，没有从根本上用这些方法提升能力，到头来学了很多方法，但都是一个个割裂开来的散点，无法将它们连接起来。

这一章我们就一起来看看，如何使用费曼学习法提升底层的四大核心能力：记忆力、阅读力、逻辑力和专注力。有了底层能力的助力，我们才能将学习方法灵活运用，最终把这些方法内化在心中，实现融会贯通。

4.1 世界上真的有过目不忘的神奇本领吗？

我家楼下有个大型商场，我经常和家人去商场里逛。我每次路过一个门店时，都会看到有很多家长在里面咨询。有一次，我忍不住走进去看了一下，发现前台销售人员正在大力推销一个叫"大脑培训班"的课程，课程宣传页上印着醒目的大字：你想让孩子拥有过目不忘的本领吗？据说有不少经过这类课程培训的孩子上了《最强大脑》节目，甚至取得了冠军。家长都巴不得自己的孩子也能拥有这样的"超能力"，就算不拿冠军，对学习也会有很大帮助。

我原本对这一类收智商税的机构嗤之以鼻，后来想了想，存在即合理。这些机构恰恰是利用了家长望子成龙、望女成凤的心理。只是，下次再看到这样的机构时，大家可以问一问自己：世界上真的有过目不忘的神奇本领吗？

4.1.1 《最强大脑》的冠军真的天赋异禀吗?

说到《最强大脑》,我曾经也是非常钦佩当中的选手的,总觉得他们天赋异禀。后来我研究了一下,他们记忆力超群的背后是使用了一套叫"记忆宫殿"的方法。"记忆宫殿"听起来很玄幻、很高级,其实原理很简单,它是利用个人熟悉的空间或位置要素,将要记忆的语言、文字、图形等进行编码,这样在回忆这些语言、文字、图形的时候,就能根据空间信息线索轻易回忆起来。

举个例子,给大家几个毫无关联的词语,试试在半分钟之内记住它们,并且按照顺序说出来:毛巾、浣熊、音乐、新闻周刊、431、月亮、醉汉、问题、猫、红旗(如图 4.1 所示)。看起来是不是很难?因为这些词语毫无关联,所以如果我们要按顺序记住它们,就得死记硬背,就像很多学生背单词、背公式那样。结果则是,我们往往只能记住前面几个词语,后面的词语几乎无法复述出来。

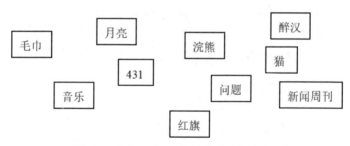

图4.1 零散无序、毫无关联的一串词语

如果我们把这些词语编码,并且放进我们熟悉的场景(如我们的卧室)中呢?想象一下在卧室这个场景中,可以发生一个怎样的故事,然后把这些词语按照顺序编排进去,组成一个故事。例如,我走进屋,顺手把"毛巾"丢给了坐在床上的"浣熊",它正听着"音乐",手里拿着一本"新闻周刊",我走到窗边,看到楼下"431"路公交车路过,天空中挂着"月亮",

有一个"醉汉"从公交车上下来,嘴里满是"问题",然后他向一只"猫"提出了问题,猫没有理睬他,转身丢给他一面"红旗",如图4.2所示。

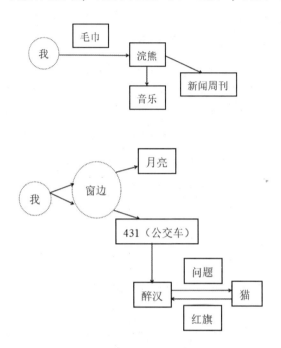

图4.2 将毫无关联的词汇进行编码

故事讲完了,听起来是不是非常荒诞?但是大家不妨闭上眼睛,回忆一下这个故事,是不是会觉得这些词汇好记多了?这样一来,我们就很容易地把这些毫无关联的词汇记下来了。

4.1.2 记忆力与学习成绩有多大关联?

既然"记忆宫殿"如此神奇,那么它和费曼学习法有什么关系呢?能不能把这样的技能迁移到学习中呢?

老实说,它在学习中的应用场景并不是很多,只适用于一些特定的输入场景。我在讲费曼学习法的时候,反复强调了"输入"这个关键步骤。

为了让我们输入得更有效率、记得更牢，我们可以使用一些联想记忆法，在初始阶段将需要记住的知识与我们熟悉的场景联系起来。就拿我当年备考 GRE（研究生入学考试）的时候记忆单词来说，我需要背一万多个单词，而且其中有 30% 以上的单词并不常用，只在一些特定的学术场景中出现。为了记住这些单词，我常常会把这些单词的字母进行拆分，编出一个极其荒诞的故事。再如教小朋友认字，由于汉字是象形文字，有一些识字卡片就会将汉字和动物、植物等联系起来，便于小朋友记忆，家长也可以使用这样的方法。

但是不得不说，除了一些特定场合，"记忆宫殿"对我们没有太大的作用，因为它只在记忆一些无意义、乱序、关联性不强的内容时才有效，而我们在学习中大量接触的古诗词也好，数学公式也好，都是可以在理解的基础上记忆的。

回到我们的问题：记忆力和学习成绩之间究竟有没有关联呢？答案是有一定关联，但不绝对。虽然我们在小学和初、高中时期需要大量背诵课本中的知识，但是在输入这些知识时通常可以用理解的方式，也就是回到费曼学习法本身。我们不强调死记硬背，更强调在输入阶段把知识和信息转化成"可理解性输入"，然后通过不断地重复（消化、输出、复盘等）将短时记忆转化为长时记忆。

所以，我建议各位家长和学生千万不要迷信强化大脑、增强记忆力的训练课程，而应该更多地把重心放在如何将多数的"可理解性输入"吃透、消化上。

4.1.3　如何有效提升记忆效果？

我们都希望孩子有绝佳的记忆力，但很遗憾的是，记性好这件事确实靠"老天爷赏饭吃"。大量的科学研究表明，记忆力受到先天基因的影响。这是不是说我们就可以忽略记忆力，直接"躺平"了呢？我们虽然没有办法改变先天基因，但记忆力并不等于记忆效果。世界上有很多记忆力超群的人，但他们并不一定就能成为"学霸"，因为学习这件事说白了还是要靠大量的刻意练习才能达到较好的效果。因此，我们不应该寻求提升记忆力的方法，而应该探索如何有效提升记忆效果。

我把影响记忆效果的因素总结为以下 5 点。

（1）身体状态。记忆属于脑科学范畴，如果一个孩子有先天性的疾病，或者由于后天的营养不良、睡眠不足等原因导致记忆力下降，那么记忆效果自然不会好。因此，家长千万不要逼着孩子熬夜刷题，要保证他们有充足的睡眠，最好保持午睡和运动的习惯，以提升记忆效果。

（2）专注程度。专注程度较高时，记忆效果较好。比如，上课或做题时，若注意力集中在这件事上，我们就更容易记住；反之，如果注意力不集中，记忆效果就会差。这一点会在之后关于专注力的章节中详述。

（3）学习兴趣。一个孩子对某一学科感兴趣，就会产生学习动力，也就会越学越好。我们可以合理使用"记忆宫殿"，将枯燥的内容和有趣的事物、场景联系起来，激发孩子的学习动力。也可以采用费曼学习法中的精细复述和精准输出的方式（如用思维导图、音频影像等）提升记忆效果。

（4）心理压力。很多人认为心理压力过大就会导致记不住东西。心理研究表明，学习压力和学习效果呈"倒 U 形曲线"（如图 4.3 所示）。也就是说，当学习压力过小或过大时，都会对记忆效果产生不好的影响。只有学习压力适中时，记忆效果才能达到最佳。所以家长在启发孩子学习的时候，可以给予适当的压力，不要让孩子压力过大。

（5）情绪状态。我们一定会有非常激动或非常沮丧的时候，这些时候发生的事情常常让我们很难忘记，如第一次去某个地方旅游、和亲密的人吵架等，可见情绪状态和记忆效果也有很大的关系。

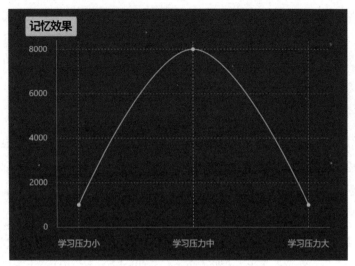

图4.3 学习压力和记忆效果的关系

现在我们知道了，要想有效提升记忆效果，不能一味地用功读书。家长应该引导孩子早睡早起，给孩子适当的情绪宣泄和解压渠道，以爱和陪伴帮助孩子提升学习兴趣和动力，这才是长远之计。

> **Tips**
>
> 通过培训或某些"妙招"来提升记忆力并不可信，我们应从影响记忆效果的因素出发，来提升记忆效果。

4.2 大语文时代，会读书的孩子有糖吃？

2022年上半年，教育圈最火的新闻莫过于新课标的颁布。但凡是孩子正在上小学或中学，对教育比较关注的家长都会关注这个新闻，从中大家都发现，语文学习越来越重要了。作为升学教育规划师，我自然会随时关注教育政策的变动。其实，语文在所有学科中的占比起之前的老课标并没有太大的变化，之所以家长感觉语文更重要了，是因为新课标提升了对阅读的要求。

我小时候，父母给我买了不少课外书，但那时候的人看不看书、看什么书都是非常随意的，父母不强迫，老师也不要求，因此我身边很多差不多年龄的孩子课外书看得很少，但刷题刷得很勤快，最终他们在大考中（如中考、高考）也能取得不错的成绩，上一个不错的大学。但是，时代变了，时至今日，毫不夸张地说，如果一个孩子不喜欢阅读，读的课外书很少，或者只喜欢读一些毫无营养的闲书，这个孩子将来大概率不会有太好的学习成绩。

我并不是想给家长制造焦虑，而是想说，我近十年来的教育咨询经验几乎已经证实了这件事情。说到底阅读并不是唯一的输入形式，但从考试和升学的角度来看，它确实是最重要的一种输入形式。没有阅读的输入，也就没有输出，哪怕阅读了再多关于费曼学习法的内容，也依然无法使用它。

那么，究竟该怎么做才能提升孩子的阅读力呢？

4.2.1 阅读力的底层原理

我一个朋友家的孩子不到 1 岁就能听懂英文指令，1 岁半就能说英文单词，2 岁就能说英文短语，2 岁半就能说英文句子。我每次去她家拜访都会惊讶于孩子的进步，也非常羡慕她为孩子创造的双语环境。我的这个朋友嫁给了一个美国人，因此从孩子出生起，身边就有爸爸说英文，妈妈说中文，孩子在这样的环境中长大，能把中、英文都说得非常流利，一点也不奇怪。

我们常常将语言划分为听、说、读、写四个方面，但前两项（听、说）和后两项（读、写）有非常大的不同，听和说往往是在环境中自然习得的，比如我们从小到大没有刻意训练过中文的听力和口语，但是一点都不妨碍我们自如地听别人说话并用中文交流、表达我们的想法。读、写则不同。我们从四五岁开始识字到慢慢能够认读句子乃至文章，再到能够自主阅读书籍，这个过程是经过刻意训练的，写作更是如此。如果我们成长的环境中没有一个家人或老师教我们识字，我们可能一辈子都无法掌握阅读和写作技能。从某种意义上说，阅读力是一种相对较难掌握的能力。

从脑科学的角度来说，科学家们已经发现，阅读力强的人，阅读过程中大脑活动高度集中于左脑，而阅读力弱的人，阅读时左右脑都会比较活跃，因为大脑还没有找到最高效的区域去协调阅读这项活动。这就好比我们刚开始创办一家公司，客户来的时候大家都是手忙脚乱的，有很多环节容易出问题。这是因为在初始阶段，工作人员之间的合作还不够默契，很多章程也还没有形成。但是随着公司越做越成熟，这种问题就会减少。孩子在刚开始学习阅读时，他们的大脑也会"手忙脚乱"，但随着阅读技能越来越娴熟，阅读力会越来越强，大脑活动也会高度集中于左脑。

拿一个从小爱阅读的孩子和一个从小爱看电视的孩子对比，通过脑部扫描，科学家们发现，一个每天坚持阅读的孩子，大脑中的语言处理区域发育得更加完善，大脑区域的调动能得到精细的划分；而一个每天看电子屏幕的孩子，在面对文字刺激时，大脑的协调会非常混乱，如图4.4所示。

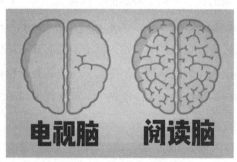

图4.4　电视脑和阅读脑

4.2.2 提升阅读力的六个阶段

既然阅读力如此重要，相信无论你是学生还是家长，都会迫不及待地想要提升它。在讲提升阅读力的有效方法之前，我想先引用哈佛大学的查尔教授关于阅读发展阶段的理论，来阐述阅读力怎样循序渐进地提升。只有了解阅读发展阶段，大家才能对号入座，了解自己或自己的孩子处于什么阶段，下一步应该往哪个方向发力。

查尔教授将阅读发展按照年龄划分为六个阶段（如图4.5所示），分别是0~6岁的前阅读期、6~7岁的解码期、7~8岁的流畅期、8~14岁的新知期、14~18岁的多元观点期和18岁以后的重构期。这些学术用语听起来非常晦涩，我们没有必要记忆它们，我只是想借用这个理论，更好地指导家长在孩子对应的年龄段做出正确的指引，一步步培养孩子的阅读力。下面我会用通俗的语言，结合我过往遇到的案例，就每一个阶段谈谈我的感想和建议。

图4.5 阅读发展的六个阶段

1. 第一阶段：0~6岁

这个年龄段的孩子会逐渐掌握对词语和句法进行口头描述的能力。也就是说，这个阶段人们靠听和说来建立对世界的认知，还没有或刚刚进入阅读启蒙阶段。

我见过很多家长早早地就蠢蠢欲动，希望孩子能够爱上阅读，他们会给孩子买很多书籍，不管字多字少，仿佛只要买回来孩子就能自己拿起一本书读。事实上，我确实见过很多从小对阅读有兴趣的孩子，家居环境中家长也很注重书架、书柜的布置，只为了让孩子拥有一个温馨舒适的阅读环境。但由于受到年龄限制，这个阶段的孩子哪怕很喜欢看书，也主要是看里面的图画，而不是文字，除非家长陪着他们读书并给他们讲解。我也见过一些孩子会自己翻书，甚至口中能念出一些东西，但其实他们所认识的有限的字词不足以支撑真正的阅读。

对于这个阶段的孩子的父母，接下来我给出的建议可能会让你觉得很难实践。我建议这一阶段的孩子的父母每天坚持进行亲子阅读，并且自己要先对一本书进行翻阅，了解故事情节，准备一些与孩子互动的问题，然后再给孩子读书。虽然这听起来非常耗时耗力，尤其是对于白天还要辛苦工作的父母，但如果能在这个阶段帮孩子培养起阅读的兴趣，之后家长会惊讶地发现，孩子的成长速度惊人，而且孩子越大，家庭需要付出的时间和精力越少。相反，我也见过大量的家长在孩子 0~6 岁时"偷懒"（或因为工作太忙，或因为意识不够），等孩子上小学或中学时才幡然醒悟，发现孩子不喜欢阅读，这时候想要纠正他们、改变他们简直是难上加难，而且往往效果不好，甚至还会影响亲子关系，破坏家庭和谐。

当然，如果父母没有办法做到每天进行亲子阅读，也可以求助他人，如家里的老人，或者专门请一个育儿师。但有大量研究案例证明，如果父母能够参与亲子阅读，会比其他任何人的效果都更好。

需要注意的是，这个阶段家长不要"拔苗助长"。我以前看到有家长强行要求孩子抄字、背诵，甚至抄得不好或背不出来就严厉呵斥孩子。这样的行为无疑是有很大问题的。因为这个阶段的孩子识字量有限，理解能力更是有限，如果强行要求孩子抄写和背诵，就会破坏他们和书的亲密感，他们会觉得书是一个令人生厌的东西。

2. 第二阶段：6~7 岁

从这个阶段开始，孩子进入真正的阅读阶段。他们走入校园，开始正式学习识字、拼音、书写。在中国尤其是在一、二线城市，很多家长和老师会强调幼小衔接的重要性，因此很多孩子会提前进入这个阶段。我经常在网上看到一些妈妈"炫耀"孩子还没上小学已经识字好几千，我不过多评价这件事好还是不好，但我们需要注意的是，在这个阶段，孩子对于阅读的兴趣依然非常重要，任何时候，我们不能以牺牲阅读兴趣为代价来换取所谓的识字量和背诵量。

在这个阶段，我建议家长不要立刻放手，而是要继续进行一段时间的亲子阅读，慢慢引导孩子过渡到自主阅读。当然，这个阶段的亲子阅读的重心不再是让孩子看图说话，而是让孩子在阅读中掌握更多的汉字，这往往比单纯识字更有意思，也更容易让孩子接受。我们也可以就书中的故事和孩子探讨更深更广的含义或概念，孩子的语言表达能力整体提升也能提高阅读力。

3. 第三阶段：7~8 岁

在我国，这个阶段对应的是小学一、二年级。这个阶段的孩子已经能认很多字词，有些能力强的孩子已经不需要家长陪伴，拿起一本书就能自己读，但并不是所有孩子都可以。我遇到过好几个小学二年级的孩子的家长跟我抱怨，说自己家孩子还是非常依赖妈妈给他读故事、讲故事。我想说，每个孩子都有自己的节奏，家长需要的是更多的耐心。

如果一定要说建议，我建议在这个阶段，家长可以从"讲给孩子听"逐步转换为"让孩子讲给你听"。看，这不就是费曼学习法中的"输入"变"输出"吗？这样做的一大目的是解放家长的劳动力，毕竟每天读书也不是一件很轻松的活儿，但更重要的目的是让孩子通过"讲"对输入的内容进行消化和建构，哪怕孩子说错了或一开始只能说一小部分也没有关系。

小学低年级的孩子很容易反复看同一本书或同主题的书，有不少家长看到后非常着急，因为他们更希望孩子涉猎广博。每次听到这样的抱怨，我都会对家长说这非常正常，比起强迫他们看一些不喜欢的题材，我更鼓励孩子去书店挑选自己喜欢的书。就拿我小时候来说，也是从感兴趣的书籍出发，逐步过渡到其他题材。我当时喜欢反复看的是武侠小说，有段时间几乎没有碰过其他题材的书，后来随着年龄增长，慢慢就喜欢上其他题材了。

大多数时候，家长需要做的就是更有耐心一些。

4. 第四阶段：8~14 岁

这个阶段持续的时间长，横跨了小学和初中，而这个阶段往往是一些后知后觉的家长突然意识到阅读很重要的时期。如果孩子在之前的三个阶段走得非常顺利，此阶段他们就会一直沿着感兴趣的方向，在阅读广度和深度上不断拓展。我曾经见过一个五年级的孩子，特别喜欢历史类书籍，几乎翻遍了市面上所有的历史书，无论是语言较晦涩的正史还是带有一定趣味性的野史。他研究完了中国史，就往欧洲史、美国史、世界史方向拓展。可想而知，这个孩子未来上了中学，很可能比历史老师懂得还多，更重要的是，他在阅读历史书的过程中开阔了眼界、深化了思想，所以他表现出了超越年龄的成熟。

相反，如果没有做好前面三个阶段的准备，家长就需要花费较多的心力去引导孩子阅读，培养孩子的阅读兴趣。如果孩子沉迷网络太久，贸然让他们接受长时间阅读是一件非常痛苦和艰难的事，但也并非完全做不到。我建议家长通过一些免费或付费的网课，让讲书名师带领孩子慢慢进入阅读的世界，或者先鼓励他们听一些有意思的书评。还是那句话，培养兴趣才是最重要的，让孩子感受到读书像玩游戏一样有意思，我们就成功了一大半。

5. 第五阶段：14~18 岁

这个阶段的孩子正处于青春期，生理和心理上充斥着各种矛盾，情绪忽上忽下，因此表现得热爱辩论、反驳，甚至经常为了反驳而反驳。因此，这个阶段的孩子应该大量阅读古今中外不同视角的作品，对于批判性思维的建立及独立人格的发展都非常有帮助。

在这个阶段，大多数父母没有办法给孩子很好的引导，除非他们自己博览群书且有非常深刻的见解。大多数父母要做的就是放手让孩子多多探索，允许孩子在繁重的学业压力下坚持阅读。

讲到这里，我想到一些曾经来咨询的家长，他们非常担心阅读课外书会影响到孩子正常的学习和考试，因此希望我劝劝孩子放弃课外阅读。对于这样的观点，我是不赞同的，因为我并不认为课内的那一点知识能够真正帮助青春期的孩子走向成熟和独立。相比短期的成绩波动，我认为书籍带给孩子们的长远、积极的影响更为重要。

6. 第六阶段：18 岁以后

这个阶段开始于成年以后，我也正处于这个阶段。我曾经有段时间停止了阅读，更贪图短视频这一类信息密集又有趣的输入方式。但是在某一刻，我突然发现，阅读能带给我更高级的感受。比起短视频的短期刺激，阅读会让我整个人的状态更好。在读完大量的书籍后，我还能输出很多从前讲不出来的观点，令周围的人刮目相看。

在如今这个被短视频、网络爽文包围的时代，很多成年人已经没有足够的耐心在周末泡上一壶茶、阅读一本书。无论如何，我并不能要求每位家长放下手机，不要让孩子过早接触电视、网络，这说起来容易，做起来是非常艰难的。如果你因为这段文字而深深触动，那么我希望至少你愿意在某个时刻，尝试翻开一本书。

4.2.3 如何有效提升阅读力？

这一节的最后，我们来聊一聊家长最关心的问题：如何有效提升阅读力？

我曾经朋友介绍，上过一期针对成年人的阅读培训班。当时我被它"神奇"的宣传语所吸引，说是可以让一个人拥有魔法，10分钟内读完一本200页以上的书。抱着怀疑的态度，我走入课堂。这门叫"影像阅读"的课所讲授的速读方法是建立在一个无法证实的假设的基础上的。这个假设是，一个人即便没有仔细看书上的每一个字，只要翻一遍，这些字就会进入人的潜意识，读第二遍的时候就会有似曾相识的感觉，也就能读得很快。

我不清楚心理学家是如何解读这样的潜意识的，上完课以后我并没有觉得获得了某种神奇魔法，但不得不说，这门课中教授的一些提升阅读速度的技巧还是有用的，在这里分享给大家。

（1）明确阅读目标。在阅读之前，要设立明确的目标。设立目标也是费曼学习法的第一步，如果毫无目标地阅读，很容易读着读着就走神了。

（2）初步略读。在正式阅读之前，我们可以简单翻一下目录，迅速浏览开头的一两章，以了解书籍的主题和重点。我们也可以提前准备一些问题，如与自己工作、生活有关的问题，然后带着问题去书中找答案。

（3）找到合适的阅读环境。大多数人喜欢在安静的环境中阅读，但也有少部分人喜欢在嘈杂的环境中阅读。无论如何，找到适合自己的阅读环境最重要。

（4）保持专注。和写作业一样，阅读时我们应当远离一切诱惑，如手机、电视。阅读前我们可以通过冥想等方式让自己迅速安静下来。很多时候，我们之所以读不下去，是因为心不够静，只有先静心，阅读效率才会高。

当然，以上4点技巧只停留在"术"的层面，从"道"的层面上而言，提升阅读力的本质是提升理解能力和阅读速度。所以我们还是要靠多读书来提升阅读力，培养深度思考的能力。我个人认为，从低年龄段开始有意识地培养阅读力是非常重要的。

> **Tips**
>
> 阅读是一件有趣却考验耐心的事情,所以它并没有所谓的速成方法。通过阅读大量输入,我们才更有可能输出精彩的观点。

4.3 逻辑力

在本书第三章,我讲解过加德纳博士的"多元智能理论"。这个理论将人类的智力潜能拆分成了八大类型,包含语言、数理逻辑、自然、内省、人际、音乐、身体运动、视觉空间。而当我们将这些领域与"逻辑"这个词对应时,可能很多人会脱口而出:"数理逻辑智能与逻辑直接相关!"没错,数理逻辑智能直接关系到我们的数学成绩,而大家都知道,要想数学学得好,逻辑能力不可少。那么问题来了,逻辑力只和数、理、化、生等理科有关吗?

其实不然。除了数、理、化、生,语言发展、社科人文、科普类作文、学术辩论等都与逻辑力密切相关(如图 4.6 所示)。可见,不管是文科生还是理科生,都需要具备逻辑力,它是人的一项基础能力。

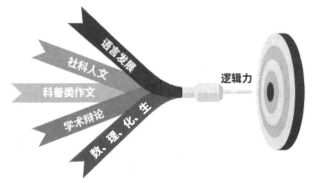

图4.6 逻辑力与众多学科的联系

从费曼学习法的角度来看，从输入到输出的过程中需要一个关键步骤——消化（转化）。而消化过程中则需要具备一项非常重要的能力——逻辑力。

4.3.1 什么是逻辑力？

在我们的日常对话中，经常会用到"逻辑"这个词，比如，我们经常会说："你这话说得没有逻辑。"但很多人对"逻辑"二字的理解只停留在一个非常宽泛的概念上。很多年前，我参加过美国商学院研究生考试，这项考试中专门有一个科目是考逻辑，当中有大量的题目，题目类型繁多，但大体上是让考生判断哪个选项与题目存在因果关系和假设关系。这里给大家举个例子（原版题目为英语），大家如果感兴趣，可以尝试做一做这道题。

作为一种建材，竹子与钢铁和水泥差不多坚固，甚至更坚固。此外，在热带地区，竹子比钢铁和水泥便宜很多且容易得到。因此，在热带地区，用竹子建成的房子比用钢铁或水泥建成的房子经济效益更高。但是，地价较高的地区除外。

问：下面哪个选项（如果成立的话）最合理地解释了为什么地价较高的地区除外？

A. 地震与地价无关。

B. 竹子不适合建造高层建筑，而地价较高的地区的建筑多为高层建筑。

C. 为了防止白蚁和甲壳虫破坏竹子，竹子一定要在防腐剂中浸泡。

D. 脚手架和房子不是一回事。

E. 竹子的生长与竹子的使用不是一回事。

如果我们不仔细分析，乍一看会觉得题目很绕，尤其是看了五个选项之后，更容易被带偏，但其实这并不是一道难题。我们对题干进行简单分析，可以得到"竹子好，坚固、便宜、容易得到，但是为什么在地价较高的地区不用竹子建房子？"这样一看，A选项的地震、C选项的虫子、D选项的脚手架、E选项的竹子的生长都没有办法解释这个现象。只有B选项可以，因为地价较高的地区的建筑多为高层建筑，不适合用竹子建造，所以即便竹子坚固、便宜，在地价较高的地区也不适用。

讲到底，"逻辑"一词听起来高深莫测，但无非是"假设前提+因果关系=结论"。

4.3.2 逻辑力为什么稀缺？

通过过往我接触的上千个咨询案例，我发现中国学生的逻辑力普遍是相对比较薄弱的。虽然我们在漫长的求学生涯里通过各个学科构建了一套思维方式、价值观和世界观，但真正具有批判性思维或批判性思维很强的学生却并不多。

很多家长觉得奇怪，明明逻辑好的孩子智商高，逻辑是思维的基础，是构建独立价值观和世界观的基础，为什么很多孩子的逻辑力却不强呢？原因是多方面的。

首先，最重要的一点是，逻辑力的培养门槛较高，很多家长在日常生活中讲话就不是很有逻辑。比如，我们常听到的"我都是为你好，所以你要听我的话"其实就是一句没有逻辑的话。因为从因果关系的角度看，"我都是为你好"和"你要听我的话"之间有一个隐形的假设条件，即"只要是为你好的话都是对的"（如图4.7所示）。但这个假设条件并不一定成立，生活中也有大量的反面例子。那么为什么家长还会说这么没逻辑的话呢？因为它听起来很简单，通俗易懂，人性的懒惰导致群众更易于接受和偏爱简单的结论，而思考需要事实和数据，费神费力，说不定还会引发争执，这也是很多家长不喜欢孩子反驳自己的一大原因。

图4.7 因果关系中忽略隐形的假设条件的常见案例

其次,我们的文化氛围并不强调逻辑力的培养,我们从小到大没有专门学过与逻辑相关的课程,所以对于这方面概念的理解和思考较少。但从我个人的研究生备考经历及接受的西方教育来看,我能明显地感受到,逻辑力在未来会是每个学生不可或缺的一项底层能力。

4.3.3 如何有效提升逻辑力?

前面在探讨阅读力时,我带大家梳理了不同年龄阶段提升阅读力的具体方法。这一节我们也按照这样的脉络,帮助大家理解在孩子的各个年龄阶段,家长应该具体怎么做才能提升孩子的逻辑力。

1. 第一阶段:0~2岁

这个阶段的孩子主要通过感官刺激和肢体运动来理解世界,还不具备逻辑力,家长也不用着急采用专门的逻辑启蒙教具或书籍,而应该更多地以和孩子互动的方式来培养孩子对逻辑的初步理解。比如,和孩子大量说话、互动,带孩子去触摸、摆弄各种颜色、材质、形状的物体;家长还可以和孩子做游戏,如盖住东西再打开,帮助孩子建立对物体恒常性的认知。

2. 第二阶段:2~7岁

这个阶段的孩子开始初步建立对逻辑的基本认知,比如,会用一些模型替代实际存在但不在眼前的物体(我们小时候玩的过家家就是如此)。这个阶段的孩子好奇心旺盛,会用提问和摆弄物体的方式来构建自己的逻辑体系。虽然这个体系很多时候并没有逻辑性,但这是一个非常好的开端。因此,父母在被孩子频繁提问时,应保持耐心并正向反馈,不要打断和敷衍，还可以结合生活场景，带孩子做一些比大小、分类、拼搭积木等游戏，帮助孩子建立空间意识和逻辑思维。

3. 第三阶段：7~11 岁

这个阶段的孩子正式开始小学阶段的学习，在学习和社交中逐渐摆脱自我中心，能够站在别人的角度思考问题，并且能够对一些事物进行客观分析，也能够对物品进行分类。但是这个阶段的孩子还处于形象思维阶段，很难处理比较抽象、复杂的概念，如假设、概率等。因此，对于这个年龄阶段的孩子，家长一定要注意算术能力的培养，反复训练孩子的口算、心算、笔算等能力，并通过陪伴孩子阅读、玩科学类玩具、做实验等方式给孩子做一些科学启蒙。现在很多小学生在学校会上科学课，有些学校对于科学这一方面也相当重视。

4. 第四阶段：12 岁以后

这个阶段的孩子开始具备抽象思维能力，开始理解一些复杂的概念。但据我观察，并不是所有的孩子到了 12 岁都会自动进入这个阶段，这往往与孩子 12 岁以前家长的启蒙和孩子接受的教育有非常大的关系。我们经常会说有些成年人逻辑思维差，也是因为他们没有从上一个阶段过渡过来，还停留在上一个阶段。但是，如今的初、高中数理学科却需要孩子具备抽象思维能力，因此家长平时要多注意培养孩子，可以让孩子读大量的书籍，尤其是充满辩证观点、能引发深度思考的经典书籍，有必要的话，可以送孩子系统学习逻辑思维课程，以进行相关的培训。毫不夸张地说，一个孩子要想数理学科成绩优异，必须先搞定逻辑力。

总结一下，逻辑是串联前提和结论的一条隐形的线，这条线并不可见却十分重要。人不是纯粹理性、完全遵循逻辑的动物，即便经过了大量的逻辑训练，等到了成年以后，如果不能在日常生活中多运用逻辑思维，多进行深度思考，逻辑力依然会下降。所以，要想保持逻辑力并且更好地教育下一代，成年人还得多多动脑才是！

> **Tips**
>
> 有了系统的方法，家长就可以根据孩子所在的年龄阶段因材施教，培养孩子的逻辑力！

4.4 专注力

专注力是大多数家长非常关心的能力，它贯穿了费曼学习法的每一个环节。无论是输入、消化、输出，还是反思复盘，都需要我们持续专注于一件事情，不然即便我们使用费曼学习法，也依然达不到很好的效果。

我在过往的咨询中遇到了无数焦虑的妈妈或爸爸，一上来就问我什么方法能够帮孩子提升专注力。他们的孩子大多已经进入学校学习。也许是这些家长获得了来自老师对于孩子上课情况的反馈，也许是他们观察到孩子写作业的时候坐不住，于是就轻易给孩子贴上了"专注力不强"的标签。但其实，专注力是一个比较复杂的概念，它表现出来的强弱往往和一个人的性格、年龄及所处环境都有关系，所以我们不能基于"孩子上课开小差"或"孩子只能坐得住十分钟"这些表象就简单地断定孩子"专注力不强"。

很神奇的是，还有一些家长会和我说："我非常羡慕别人家的孩子可以一心二用，如一边听英语，一边做数学题，这样的孩子真聪明！有没有什么方法能让我的孩子也这样做，从而提高学习效率呢？"一面是家长嫌弃自己的孩子无法专注于一件事，另一面是家长嫌弃自己的孩子太专注于一件事而效率低，希望孩子可以同时专注于两件事或多件事。两种家长看起来各有各的苦衷，也各有各的道理，其实不然。接下来我们一起来看看，专注力到底是什么？为什么很难一心二用？我们该如何帮助自己或孩子提升专注力呢?

4.4.1 孩子为什么不专注?

我们需要明确的是,持续专注对于小朋友而言并非一件很容易的事情。我小时候上课特别容易被窗外某个突然响起的声音打断,无论这节课老师讲得多有趣。我还很难一坐就坐一两个小时做作业,中间难免要起来喝个水、上个厕所或玩一会儿。但是随着年龄增长,我越来越坐得住,现在只要周围没有人打扰我,我可以连续坐两三个小时处理工作。这说明,专注力是会随着年龄增长而提升的。

科学统计数据表明(如表4.1所示),2~4岁的孩子可以专注10分钟,5~7岁的孩子可以专注15分钟,7~10岁的孩子可以专注20分钟,10~12岁的孩子可以专注25分钟,13岁及以上的孩子则可以专注30分钟以上。这么看来,我们要求一个小学生一坐就坐半个小时是十分困难的,这是由孩子的生理特点所决定的。

表4.1 孩子年龄与专注时长的关系

孩子年龄	专注时长
2~4岁	10分钟
5~7岁	15分钟
7~10岁	20分钟
10~12岁	25分钟
13岁及以上	30分钟以上

其实长时间保持专注对于成年人也并非一件容易的事,我们有时会受到来自手机、电视的外在干扰,有时会因为烦躁、心情不好而难以保持专注。

此外,家长希望孩子能够同时处理多件事情也是一种奢望,这是由大脑的机制所决定的。著名的诺贝尔经济学奖获得者丹尼尔·卡尼曼曾经做过一个关于大脑容量的模型，他认为专注力是大脑有限的资源，如果人们做一个简单的任务，这个任务只会占据大脑较小的空间，如果再努力尝试完成一个复杂的任务，那么这个任务就会占用大脑大量的空间，这时候如果我们还要做第三个任务，大脑空间就会不够。由此可见，如果我们非要一心二用，那么只可能是一个简单的任务搭配一个相对复杂的任务。但这样做也会有弊端，因为次要任务可能会占用主要任务的专注力，从而导致每个任务都做不好。

有了以上两点认知，我相信家长对孩子的行为会有更深刻的理解，不需要再羡慕别人家的孩子了。

4.4.2 如何有效提升专注力？

为了研究专注力的提升方式，我曾经带着学生尝试过十几种方法，如市面上非常流行的舒尔特方格训练法、番茄工作法等。这些方法多多少少能提升专注力，但并不是所有方法都可以带来稳定且长期的积极效果。比如，我曾经带我家小侄女一起玩舒尔特方格，玩的时候她能保持专注较长时间，有时候甚至能保持40分钟，但是在不玩这个游戏的时候，她却没办法把这种专注力迁移到学习上。于是，我把这样的尝试判定为失败的尝试，它没有帮助孩子有效提升专注力。

那么，哪些方法比较好呢？这里给大家介绍几种经过科学验证且我亲测有效的方法。

1. 远离手机等诱惑

这种方法非常好理解，成年人也常常刷着刷着短视频就沉浸其中停不下来，更别提孩子。因此，无论是我们自己还是孩子，我都强烈建议在做一件事情时，把手机放在另一个房间。

每次有家长咨询我怎么杜绝孩子玩手机时，我都会告诉他们，手机并不是洪水猛兽,这一代的孩子出生在互联网时代,是互联网的原住民,让他们完全杜绝玩手机是不可能的事情,但是可以和孩子协商,做一个约定。由于孩子未成年,家长有监督的权力,可以和孩子约定手机里能安装哪些App,比如,低年级的孩子不安装和学习无关的App,高年级的孩子出于社交需要,允许安装社交App和游戏App,但也得和孩子约定使用时间。举例来说,有一年暑假我陪小学三年级的小侄女学习时,就和她签署了一份"手机使用协议"(如图4.8所示):做作业时身边不允许有手机存在;如果某天出于学习任务的要求必须使用,就破例一次,但是需要由我抽查作业进度和完成情况。当然,既然是友好协商,那么必要的奖励措施也得有,比如,完成当天的学习任务后,可以按照约定让她使用手机30分钟到1小时。这样我至少可以保证小侄女在做作业的时候,能尽量保持专注。

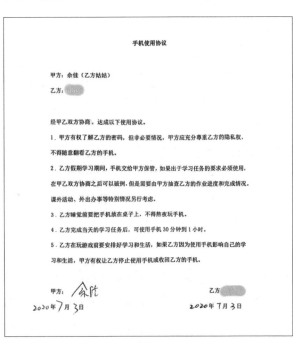

图4.8 手机使用协议

2. 设定限时目标并及时反馈

研究表明，如果我们设定了阶段目标，并且在每个阶段目标完成后，有人给我们及时的反馈，我们的工作或学习效率会更高，这也是一种我亲测有效的提升专注力的方法。

还是用我陪小侄女学习的例子。为了避免小侄女沉迷手机，我给她买了一个魔方计时器，把每个任务分割成了 20 分钟，如 20 分钟做完 8 道数学题。做完以后，我也不着急让她继续做下一套题，而是带她复盘，就正确率、完成速度、错题、错误原因、问题等让她做总结。如果她做得特别好，或者比前一天有进步，我就立刻给予正面反馈，进行口头夸奖或奖励她去做一件自己特别喜欢的事情。事实证明，她的做题效率提高了许多，学习动力也提升了不少。

3. 尽量避免多线任务

前文中说过，多线任务是不利于提升专注力的，相反，同时完成多件事很有可能会使每一件事都做不好。既然如此，我们在完成学习或工作任务时就要避免边聊微信边刷题、边听课边做作业等。有学生会问我："我觉得边听歌边写作业没什么问题，这也要改掉吗？"当我们手头的任务（如写作业）不会占据所有大脑空间时，可以适当允许一些轻松简单的任务填充进去（如听歌）。也就是说，我们要保证完成的任务不那么困难，以及所听的音乐是轻松舒缓的，尽量避免听嘈杂的、节奏感强的。只有在这样的情况下，我们才能进行多线任务。

4. 休息、运动、冥想

有大量案例证明，每天进行适当的休息和运动不仅不耽误学习，还有利于保持大脑清醒，更有利于专注力的提升。我自己从创业开始，基本没熬过夜，而且每周进行 2~3 次的有氧运动。因为创业和学习一样，越往后越拼体力，如果我没有休息好或很长时间不运动，我就会感到精力下降。

在这样的情况下，即便我花了一整天的时间工作，效率依然不高。另外，冥想也是一个可以保持专注的好方法，新手刚刚尝试的时候可以先从 5 分钟做起，逐步建立对冥想的认知，习惯了以后再不断加长时间。我刚开始体验冥想时，总是坐不住，5 分钟就会走神，现在保持每天冥想差不多半年的时间，已经可以静坐 20 分钟了。

> **Tips**
>
> 长时间专注是"反人性"的，因此我们要求孩子保持专注，就如同要求一个不爱学习的孩子好好学习一样。减少指责或命令，给予更多的包容和接纳，同时使用科学的方法，可以让孩子更专注。

本章小结

◎ 记忆力的重要性与提升方法：保持良好的身体状态、专注程度、学习兴趣和情绪状态，保持适中的心理压力。

◎ 阅读力的重要性和提升方法：按照不同年龄阶段安排合适的阅读方式，在阅读时明确阅读目标，初步略读，找到合适的阅读环境，保持专注。

◎ 逻辑力的重要性和提升方法：按照不同年龄阶段安排相应的任务。

◎ 专注力的重要性和提升方法：远离手机等诱惑，设定限时目标并及时反馈，尽量避免多线任务，合理安排休息、运动和冥想。

思考与行动

你或你的孩子的哪一种能力需要提升呢？赶紧用本章介绍的方法试一试吧。

第五章

实战：用费曼学习法学习语、数、外

"学好数理化，走遍天下都不怕。"曾几何时，我们开始被这样的主流教育思想深深影响，使得大量的学生执着于走理科方向，甚至认为人文学科是虚无缥缈、不切实际的。但是，在当今时代，我们也都发现，教育方向确实在转变。无论是新课标刻意强化了语文的重要性，强调文化自信、爱国情怀，还是一大批国际学校将国外的人文主义带入了我们这片土地，强化了基础教育阶段语言学习及文理均衡发展的意义，都说明人文学科在当今乃至未来社会并非"无用"，而是大有作用，它们塑造了一个民族的"魂魄"。这么看来，我们甚至可以换一个说法："学好语数外，走遍天下都不怕。"

前不久我回到老家所在的二线城市，和一些中学生聊天，我问他们未来的志向和想要就读的专业，仍然有不少学生向我抱怨："学文科找不到工作，学习语文和英语只是因为中、高考的硬性需要，实际上并没有什么用。如今似乎英语的地位也要被弱化了，真是一件大好事！"

我对这些陈旧的思想深感无奈。因为从事国际教育，我受到过全球领先的教育的洗礼，被追求文理均衡、全面发展的理念深深打动，因此当我看到如今的一线城市中很多创新型学校也开始强调人文素养，强调语文和英语等学科在现实生活中的使用，努力摆脱以往机械化的背诵和形式主义学习，我是非常欣慰的。

说起语、数、外的学科地位，我想先撇开功利性质的考试和分数，真诚地建议大家去感受这些学科背后的"美"。这些学科承载着东西方人类的历史和文明，值得我们阅读、感受、实践。当然，完全撇开考试谈学科也是一件极其不现实的事，所以在这一章，我将从语、数、外三个学科入手，具体谈一谈如何将这些主科的学习与费曼学习法相结合，具体来说就是费曼学习法中强调的输入和输出，对应到语、数、外三门学科的学习中是如何发挥作用的。

5.1　大语文时代，再用老方法就OUT了！

"大语文"这个词近两年被"炒"得很火，很多关注教育的家长都知道，所谓的"大语文"区别于"小语文"（也就是仅限于学习书本中的字词、文章、诗词），更加注重通过广泛阅读、超纲学习来提升语文的整体能力，而不只是分数。每次说起这个概念，我都会回想起自己小时候，虽然我爱看书，也看了不少书，但是我和大多数孩子一样，只喜欢看自己感兴趣的题材，如武侠、侦探、言情等。当时我只是一个学生，而如今我站在一个教育者的视角，不得不承认，有些书我看得太多了，有些书则看得太少了，这样导致的结果是我的知识面不够宽，要靠成年以后来补。但有一点值得欣慰，那就是由于大人从未干涉过我阅读的书的题材，我对阅读的兴趣一直保留了下来，我现在会涉猎哲学、历史、心理、商业和教育题材，这些都是我在青少年时期绝对不会碰的题材。可见，阅读兴趣高于一切，任何以破坏孩子阅读兴趣为代价的强制要求和干预都是不正确的。

话说回来，如今的语文不再局限于分数和成绩，而更加强调"素养"这个概念。"语文素养"一词听起来很虚，但如果我们仔细剖析它，就会发现当中蕴含了无限奥妙。

5.1.1　语文素养并不是一个虚无的概念

"双减"政策颁布之后，语文素养提升课火速崛起，取代了之前的应试技巧课。很多家长被商家一波波地"洗脑"，也逐渐意识到了语文素养的重要性，但问题是，语言素养真的能帮我们提分吗？前不久就有一位妈妈来咨询我，说自己家孩子从小读了很多中文课外书，语文素养应该是不错的，但语文考试却并不是每次都能取得好成绩。她曾经和邻居聊过这件事，邻居家的孩子不怎么爱阅读，但通过上了一段时间的一对一补习班快速提了分。于是这位妈妈非常困惑，都说大语文时代要多读课外书，但是中、高考选拔制度依然横亘在面前，我们不可能不在意分数和成绩，究竟有没有必要让孩子大量阅读呢?

相信这个问题同样困扰着一些家长。我们常常发现"语文素养"和"语文分数"像是一对欢喜冤家,按照这位妈妈说的,语文素养并没有对语文成绩起到提升作用。就像我小时候虽然喜欢阅读,但是语文成绩并不拔尖,高考语文 150 分满分,我考了 129 分,也没有突破 130 分的高分线,但我依然想和大家强调语文素养,或者说是通过阅读提升语文素养的重要性。这里我将它们概括为以下两点。

(1) 语文素养虽然不能直接决定语文成绩,但决定了语文成绩的上限和下限,如图 5.1 所示。

图5.1 语文素养决定语文成绩的上限和下限

(2) 语文成绩 = 素养 + 技巧,单纯依靠技巧虽然可能在短期内迅速提分,但容易遭遇瓶颈。

还是给大家举我自己和我过往学生的例子。我从小到大没有上过语文方面的补习班,考试就是靠平时的积累加上考前背背古诗词、文言文来应对。我属于典型的语文素养还行,技巧一般的学生,这让我虽然在高考中语文没有突破 130 分,但平时考试也从未低于 110 分。模拟考试的时候,我偶尔会超过 130 分的高分线。但是反观我的一些学生,虽然花了大量的时间补课,学习应试技巧,短期内看起来取得了不错的成绩,但是很快发生了边际效益递减效应,也就是说分数涨不到哪里去,遇到题目较难的考试还会暴跌,如最高能考 120 分,最低则会考 90 分及格线以下。

这么看来，语文素养充当的是基本功的角色。这就和武侠小说中的习武一样，如果没有扎实的基本功，只靠学个一招半式，行走江湖碰到一些小喽啰时，当然可以应付自如，但是碰到真正的武林高手时，就会毫无招架之力。

所以，从最终提升语文成绩的角度出发，语文素养和应试技巧两者都不可少。而提升语文素养的主要途径就是大量阅读，对应的是费曼学习法中"输入"这个环节。

5.1.2　分阶段打好基本功，自然能逆流而上

说到这里，可能很多同学和家长会问，到底应该如何提升语文素养，打好基本功呢？

这一小节我就来和大家说一点更实际的。往大了说，学习语文是一件贯穿终身的事，往小了说，学习语文至少覆盖2~18岁，所以，这里我也按照年龄阶段来详细聊一聊每个阶段如何阅读、读哪些书。

1. 2~9岁（学龄前至小学三年级）

很多家长会问我学龄前和小学低年级的孩子有没有必要补课，我的观点是没必要，因为没有任何培训课程比得过趣味性阅读所带来的价值。这个年龄阶段的孩子没有应试压力，校内的语文课多半是在打基础，如学习字词、拼音、短篇文章。这个时候家长要做的就是以亲子阅读的方式（孩子1~2岁时就可以开始进行，小学二三年级时可以逐步过渡到自主阅读、亲子伴读），引导孩子对书籍产生兴趣。

我经常看到一些家长急于求成，在孩子很小的时候就让他们读四大名著这样的书，结果是孩子看不懂也没有兴趣，久而久之连带着阅读兴趣也丧失了。我们都知道，这个阶段的孩子受到生理和心理成熟度的限制，不可能理解特别抽象的概念。此外，还有一些家长会在阅读的基础上加任务，如让孩子背诵、抄写、写读后感等，这些任务容易让孩子超负荷，而且时

间投入的性价比并不高。

提高素养是一个内化的过程，因此不必与过去那些刻板的死记硬背相结合。总之，保护好孩子的兴趣，多多通过讲解、提问、示范来激发孩子的热情才是上策。

从费曼学习法的角度来看，家长应当鼓励孩子先以听和看的方式输入，通过与大人探讨，孩子可以进行适当的输出，以加强对所读材料的理解。但是家长不能要求孩子给出太过复杂和深刻的答案，因为这个年龄阶段的孩子的认知能力很有限，只要他们愿意读，愿意探讨，就是妥妥的"学霸"苗子了。

有些家长会问："我引导孩子阅读了，也给孩子买了很多书，他就是不读怎么办？"这里再教你两招。

（1）创造家庭阅读的环境，比如在客厅里布置书架，在书架上放满书。

（2）以身作则。很多家长自己不读书，却要求孩子读很多书，这对"00后""10后"乃至"20后"这些追求平等、尊重和价值的孩子而言，是难以接受的。

2. 9~12岁（小学三年级至六年级）

到了小学三年级，孩子会遇到学习的第一道坎。我们会发现，这一阶段的校内语文学科变难了，阅读理解的文章篇幅变长了，而且新增了写作文的题目，这让很多孩子和家长措手不及。这时候作为家长，可以让孩子在保留一部分趣味故事类阅读的基础上，增加一些科普类阅读。科普类阅读区别于故事类阅读，没有那么好玩，因为当中更多的是实实在在的知识，如天文、地理、动植物、环境等。刚开始阅读这些题材时，孩子或多或少会有些难以接受，尤其是他们看多了科幻、玄幻等虚构性题材的书籍之后。这时候家长要做的不是强制改变他们的喜好，而是慢慢引导，从一本孩子相对不排斥的书籍读起。前文中讲到，任何破坏阅读兴趣的干预都是不对的，我们要在保护孩子阅读兴趣的同时，加大阅读的深度。这是孩子 9~12 岁时家长应该重点关注的。

这个阶段要不要补课呢？如果是单纯的应试技巧课程，我认为没有太大必要，但如果是一些经典书籍精读课程，我认为可以尝试让孩子上一上。除了线下课程，还可以让孩子看一些线上课程，如喜马拉雅上的戴建业老师、郦波老师的课程，如图 5.2 所示。

图5.2 喜马拉雅上的部分课程

3. 12~18 岁（小学六年级至高中三年级）

进入初、高中阶段，孩子的阅读深度要更上一层楼。这一阶段可以加入一些思辨性质的内容，也就是书籍中要有一些对立的观点，这么做是为了激发孩子的批判性思维。很多人对这个词并不陌生，甚至曾经有家长咨询我，是不是要从小帮助孩子建立这种思维。有这种意识是好的，但是孩子在低龄阶段还在建立知识体系，大脑里没有足够的知识储备，是说不出有意义的观点的。所以，批判性思维的建立不必求早，可以在孩子小学高年级开始尝试，重点放在中学阶段。

据我观察，很多国际学校会在这个阶段着重加强对孩子批判性思维的培养，如在课堂上将孩子分成小组，进行辩论式讨论，老师并不会快速给出结论或所谓的标准答案。另外，在美国的升学考试（SSAT、SAT，可简单地理解为美国的"中考""高考"）中，出题机构也会以选择题的形式考查学生对一篇文章的作者观点的理解，并在作文中更多地要求学生使用议论文的形式，而非中国英语考试中常常出现的书信和记叙文。这些现象都充分说明了国际教育对批判性思维的重视。

相信在不久的将来，我国考试中会加强对观点的考查，这就对孩子阅读的书籍题材提出了更高的要求。

4. 18~24 岁（大学至成人阶段）

我把研究性阅读放在了大学阶段，因为研究性阅读的前提是一个人掌握了大量的知识并形成了相对成熟的价值观。这时候我们可以通过阅读一本书提出一个想法，然后沿着一条思路进行大量的同主题阅读。研究性阅读在国际教育中被放在了高中阶段，因为西方的精英教育希望孩子更早学会研究方法，写出研究论文。比如，著名的国际教育IB体系（如图5.3所示）就非常强调"研究性学习"的概念。但是在我国，目前还是更多地把研究性阅读放在高等教育阶段。

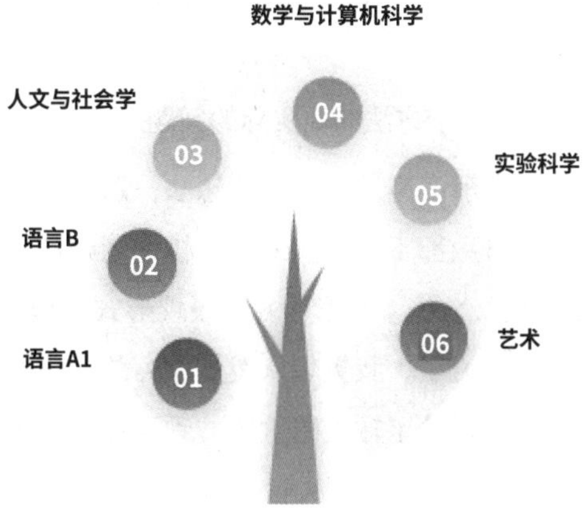

图5.3　国际教育IB体系包含的六大类学科

5.1.3 现代文阅读理解要怎么提高？

我上学那会儿，一直觉得现代文阅读理解题是一种很无聊的题型，而且不符合逻辑。正如"一千个读者眼中就有一千个哈姆雷特"，凭什么要按照某一个既定标准来要求我理解呢？难道我不该有自己的想法吗？为了这件事，我和同学、老师都争辩过，结果我输了，只能遵循所谓的标准答案来考试，不然吃亏的还是我。几年后我出国读书，发现美国的考试并不讲求标准答案，因此我大肆批判起中国的应试教育。待我进入职场成为一名老师，回过头来看美国的考试，发现也并不是没有标准答案。后来，我逐渐理解了中文现代文阅读理解和英语阅读理解的区别。任何一个标准化的考试都一定有标准答案，只是中文现代文阅读理解的答案的最终解释权归出题人，而非作者，不需要尊重原著。这就应了很多学生吐槽的那句话：×××（作家名）都去世那么多年了，你怎么知道他创作时是这么想的？

英语的阅读理解不同。无论是托福、雅思等语言类考试还是美国的SSAT、SAT考试，其阅读理解题都充分尊重作者的原意，因为如果你按照其他方式去理解，在文中一定能找到线索来反驳你另类的理解方式。英语文本强调逻辑性，而逻辑的本身遵从一定的原则，并不是今天想一出，明天想另一出。这么看来，只有先理解了这个点，我们才更容易把握现代文阅读理解的提分秘诀。

接下来我们聊一聊关于方法的更实际的问题。

既然现代文阅读理解要遵从出题人的想法，那么只要"踩"对了标准答案的"点"，一般分数都不会低。无论是校内老师还是校外培训老师，都会教孩子很多"万能公式"、修辞手法、表现形式来帮助孩子更好地"踩点"，我在这里就不多说了。我更想从费曼学习法的角度来谈一谈这个问题。前文中用大量篇幅讨论了输入的价值，到现代文阅读理解这一问题其实就进入了一个主观的输出环节。从输入到输出，需要一个很关键的步骤，叫作"消化"。只是区别于作文的形式，这里我们更需要遵从出题人的输出方式来答题，也就是归纳出题规律。我的建议是，学生在日常训练的时候可以按图 5.4 所示的方式操作。

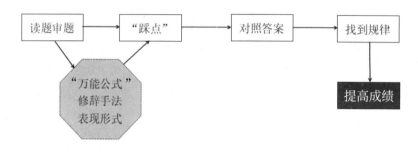

图5.4 从输入到消化再到输出的过程

第一步：读题审题，根据"万能公式"、修辞手法、表现形式来"踩点"，即输入 + 消化。

第二步：对照答案找到出题人的出题规律，即消化 + 输出。

掌握了很多输入技巧，加上通过大量的阅读有了一定语文素养后，就更容易理解原文的意思了。在输出方面，因为有参考答案可以对照，所以很多学生训练现代文阅读理解的误区是直接从输入走向输出，中间完全不思考，其实说到底还是偷懒。很多人认为答案是"死"的，那么多抄答案、多记忆就能学会了，但如果中间少了消化的过程，下次题目稍微变换一下就不会答了。

5.1.4 文言文阅读理解要怎么提高？

前文讲了怎么做现代文阅读理解，本小节我们来看看如何做文言文阅读理解。我个人认为文言文是一个比较难的内容，上学那会儿我就觉得学习文言文和多学一门外语没有差别，因为它和现代汉语的差距比较大，无论是从形态、读音腔调还是从文法结构（文言文往往是一段大长篇，中间没有标点符号,初次接触也不知道该如何断句,更无法理解)而言。但学习文言文又是我们无法逃避的,它在语文学科中占据重要地位,尤其是在新课标发布之后,更加强调传统文化、文化自信,可以预见的是,未来文言文在考试中的占比会更高。

既然文言文如同一门外语,那么关于文言文该怎么学习,我们就可以参照学习英语的路径,从听、说到读、写。当然,从应试的角度来说,考试并没有对我们提出说和写文言文的要求,所以我们可以从听过渡到读,先通过"磨耳朵"的输入方式,听朗读标准的文言文素材,这样有利于增强我们对文言文的熟悉度和敏感度(如图5.5所示)。

图5.5 学习文言文的步骤

这个方法并不是我的一家之言,我曾经向很多语文名师及"学霸"请教,因为我自己并不是语文老师,而且很多年没有碰语文学科了,所以在推荐方法的时候,我会比较谨慎。他们基本上都很认同我的这套方法,认为在学生有畏难情绪,比较排斥文言文的情况下,先以听文本的输入方式找感觉是一个不错的方式。紧接着我们就可以通过第二种输入形式——朗读,来进一步加强记忆和理解。前文说到应试没有对"说"提出要求,但是不代表我们不需要朗读。和阅读一样,我认为朗读是一种非常好的学习方式。我的小侄女上小学二年级的时候,我常常看到她拿着一篇语文课文,摇头晃脑地读,像极了古人诵读经典。

最后是文言文的翻译和背诵。我上学那会儿其实是一步走到这里的,并没有经历"磨耳朵"及朗读阶段,结果是我一度认为文言文太难,对它毫无兴趣,只是被动接受老师布置的作业,为了学而学,完全体会不到文字中的美感和背后深刻的思想。让我印象深刻的是，有一次我被语文老师点名上台背《出师表》，其实我前一天晚上通过死记硬背记住了，结果上台背诵时，由于紧张，我背到一半就忘了，被老师批评罚站，我从此非常痛恨文言文。我想，要是再给我一次机会，我一定会在正式学习和翻译背诵之前，去"磨一磨耳朵"。

5.1.5 令人头疼的作文，其实没有那么难

我刚进入教育行业时是一名托福写作老师，所以对于写作有挺多想和大家探讨的。如同前文提到的阅读理解方面中英文存在差异一样，在写作方面，中英文的差异也非常突出。以美国的托福考试为例，一个作文题目如下（已翻译为中文）：

一些人认为家长应该为孩子详细安排课余时间，另一些人认为安排业余时间是孩子自己的事情，应该完全由孩子自主决定，你同意哪一方的观点？请给出你的理由、解释和例子。

这道题大家可能感觉不难，比起我们的考试，至少这道题的题干很好理解。但是要注意，托福考试是针对母语非英语的人，测试他们的英语水平的，而不是针对母语为英语的人的。下面我们再来看一个美国本土考试的作文题。

人们认为，每项成就（也就是我们所说的每一个进步）都会将他们引向问题的最终解决，并帮助人们更了解自己和周遭的世界。但在现实中，每一个新答案的产生，都会引发新的问题，每一个新的发现，都会展露出更深层、更复杂的状况。每项成就都通向更深层的问题、更重的责任、更复杂的状况，以及全新的挑战。是否每项成就都会带来新的挑战呢？

这是美国 SAT 考试的作文题，题干非常直白，不难理解，但是需要考生辩证思考。通过仔细观察就会发现，美国人对批判性思维的重视在作文上体现得淋漓尽致。无论是托福还是 SAT 考试，题干中都有两方观点，让

考生辩证地看待问题并提出自己的想法，在思想的深度和高度上，它比中国应试考试的作文更难。

如果我们仔细地对比美国小学和中国小学的课标，分析二者在作文方面的要求，就会发现，美国教育对孩子的写作要求更高。举个例子，我之前有个客户在孩子小学时就送他去美国读书，有一次我和他探讨中美基础教育的差别，他说的一点让我印象特别深刻。他说美国的小学老师要求孩子写一篇作文要反复修改，比如先写一个初稿，然后老师给一些反馈，再让孩子修改、校正。但是在中国，写作文基本上是一遍就过，孩子交上去的作文如果写得好，老师直接当堂表扬，只有写得实在糟糕的作文才会被打回去重写，写得不好的作文一般只是给一个比较低的分数，然后就不了了之。还有一点是，美国教育中鼓励孩子从小把写出来的作文拿去发表，无论是放到自媒体平台上与朋友交流，还是通过更正式的渠道出版。但是中国人大多会觉得这是大学生甚至研究生才该做的事情，在低龄阶段，写作文的意义局限于完成老师布置的作业或考试拿高分。这样的差异使中西方教育中对写作方式、考核难度及思维立意有不同要求。

我认为，如果我国的孩子从小接触的是西方写作那一套，那么到了初、高中只要对写作技巧做一个短期集训就可以了。对于写作这件事，我深刻地认识到，有想法比有文采更加重要。我见过大量的学生喜欢在作文中堆砌华丽的辞藻，导致文章逻辑不通、不知所云，乍一看语言优美，但经不起半点推敲。所以我的建议是，如果家长意识强、有能力且有时间，那么可以在学龄前做好孩子的英语启蒙，有了一定基础后，小学阶段再让孩子上一些西方作文网课，以训练思维。为此，我在孩子出生前就给她做了英语胎教，出生后一直在生活中和孩子讲英语，希望能够培养一个精通中英语的宝宝。这么做并不是"鸡娃"，而是从长远的教育规划角度为孩子打好基础。

当然我也知道，这对于大部分的中国家长来说是一件很有难度的事。

说回中国的应试作文,如果你没有条件让孩子从小接触西方作文的那一套,那么可以完全按照中文作文的考核方式来进行提升。我一直认为写作文只靠补课是没有用的,因为它是一种输出,我们反复强调费曼学习法中从输入到输出的过程,如果没有足够的输入,孩子就会在写作文的时候缺少素材、缺乏感受。那么怎么做输入呢?这又回到了我们之前的话题——读万卷书,行万里路,阅人无数。这样的孩子有了积累、有了感受,输出的底子就打好了。

我始终认为,只有把输入做好了,作文提分才有希望。很多家长和学生会问我:"老师,考试时作文写不完怎么办?不会遣词造句怎么办?"这些问题都是可以通过短期的刻意训练来解决的,但是如果没有足够的积累,只依赖集训,最后能写出什么样的文章就只能靠运气了。

> **Tips**
>
> 关于语文的学习并没有太强的技巧性,从小做好输入,充分积累,多读书、多交流、多体验,胜过刷一千套题、上一百节课。

5.2 英语地位下降了?还真不是这样

新课标出来后,很多家长都来问我,是不是英语学科地位下降了?是不是以后不必花大量的时间学英语了?家长们会这样问,是因为自媒体平台上有很多对新课标不正确的解读,其中被"炒"得火热的就包含"英语地位下降"这个话题。

我特意对比了10年前和20年前的老课标,发现英语的占比并没有变化,一直是6%~8%。由此可见,在自媒体火热的今天,大家千万不要听风就是雨,一定要回归真相本身,看一看到底是怎么回事。

不过不得不说,英语6%~8%的占比比起语文20%~22%的占比,确实不多。准确来说，并不是英语地位下降了，而是英语一直没有享受过主科的待遇。在过往 10 年到 20 年，由于"留学潮"的兴起及整个社会对于西方文化的兴趣，很多人把英语看得很重，家长们更是砸重金送孩子去上各种英语补习班。但是如今随着我国经济高速发展，以及爱国主义和文化自信的强化，一些人开始对英语的地位产生质疑。

我和很多高知家庭、精英群体聊过这件事，大家普遍认为孩子需要从小学好英语，不是为了考高分，或者出于要留学的功利性目的，而是从培养孩子国际化视野的角度来看，学好英语意味着可以将英语作为一门工具去探索更广阔的世界。举个简单点的例子，很多著作、文献的原版都是英语，要想深入解读它，至少得懂得这门语言。

我也非常认同从小培养孩子国际化视野的观点。此外，我还有更功利的目的，就是我不希望自己的孩子未来上了中学，还在苦苦学英语。我曾经从事英语教培多年，看到了太多的初、高中孩子花大量的时间备考托福、SAT，不说那高昂的补习费用，光是时间和精力的投入就占据了学习生活的大部分。但说到底，英语和中文都是一门语言、一个工具，我们完全可以在更早的时候搞定它，这样我们在中学阶段就有了更多时间去探索更丰富的人生或学习其他学科。

我的理念是，让孩子在 0~12 岁就把英语学到高考水平，在小学毕业前将英语彻底变成一个工具，而不再是一个学科。关于这个理念，我创建了一个"5i 阶梯体系"，如图 5.6 所示。

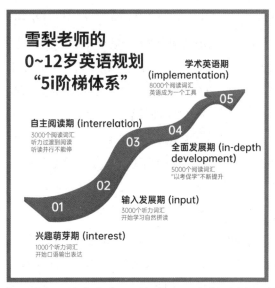

图5.6 雪梨老师创建的《0~12岁英语规划"5i阶梯体系"》

5.2.1 听力先行

"听力先行,阅读不停"是家长圈内很流行的一句话。这些年越来越多的人意识到这一代的孩子不能再像我们小时候那样只会背单词、学语法、刷题,不能再学"哑巴英语"了,所以很多早教机构大力推广英语启蒙。英语要不要启蒙呢?当然要,我从孩子还没出生时就开始给她做英语启蒙了,孩子出生以后也一直和她说英语。在孩子面前,我几乎就是一个以英语为"第二母语"的妈妈。

我认为,孩子学龄前在家里的英语启蒙非常重要。我上大学的时候选修过很多英语教育课程,当时学了一个理论让我至今印象深刻——0~3岁是孩子对语言的敏感期,孩子过了7岁对语言的敏感度会断崖式下跌。当时的我非常绝望,英语专业的我,曾经一度希望自己能说一口地道的英语,但梦想很丰满,现实很骨感。那时候的我就在心中埋下了一颗小小的种子——未来有了孩子,我一定要抓住0~3岁的敏感期,和孩子说英语,让英语成为孩子的"第二母语",或者至少是非常流利的第二语言。

当然,关于语言学习敏感期的理论,近十几年在学术界也有很多争议,目前大体上能达成一致的观点是,在青春期之前开始第二语言的学习,都有希望学到母语水平。这就对家长提出了很高的要求,很多家长在孩子0~10岁,尤其是0~3岁的时候都非常忙碌,并且期待孩子2岁后送到早教中心,3岁后上国际幼儿园就能解决语言启蒙的问题。但根据我的观察,其效果并不理想。撇开语言敏感期不说,孩子在课堂范围内能接触到的英语是有限的,除非是浸泡在一个全英语的环境中。国内的早教中心也好,国际学校也罢,都非常难解决孩子英语启蒙问题。

家长应该怎么做呢?其实家长可以在孩子0~3岁这个阶段用英语儿歌、动画帮助他们"磨耳朵",然后逐步过渡到英语绘本、分级阅读。我们都知道,听力积累是一个漫长的过程,很难通过集训的方式在短期内突破,对于听力累积只有一句话:坚持就是胜利!

大家可能会问,和孩子从小说英语真的有用吗?刚开始的时候孩子不会给我们及时的反馈,孩子0~1岁的时候连中文都说不好,只能偶尔蹦出几个词,但是我想说,这真的是有用的!

我的孩子还在0~1岁这个阶段,可能并不能提供参考。我的朋友Alice和我做了同样的事情,她的孩子现在5岁了,英语和中文说得一样好。Alice和我一样从孩子出生起就和他说英语,结果是孩子1岁左右就能听懂英语指令,1岁半能说英语单词,2岁能说英语短语,2岁半能说英语句子。这也是我希望培养孩子达到的理想状态,相信也是很多父母的理想。

我的另一个朋友Wang,她的孩子上小学二年级了,日常使用英语对话没有问题,接下来准备训练英语写作。Wang是一个外企高管,她并没有太多时间和孩子说英语,但是她对于英语启蒙的意义有切身体会,于是她从孩子1岁开始,就让家里的阿姨每天给孩子播放英语儿歌。大家看,这件事并不是只能依赖父母，只要安排得好，完全可以交给别人来操作。

5.2.2 阅读不停

说到阅读，我在前文中讲关于语文的学习时反复强调过阅读的重要性，英语也不例外。从实际的角度来谈，新高考对阅读能力提出了更高的要求。在我这一代，阅读理解的分值是 40 分，现在的新高考直接将阅读理解提了 10 分，达到了 50 分，占据了总分的三分之一。这说明我们过往一直强调的技巧、语法等可以通过短期集训提升的项目在今后要被弱化了，而英语素养被提到了更高的位置，高考更强调英语的应用能力了。

有的人会说，我的孩子还很小，离高考远着呢。我们都知道，高考一直作为指挥棒，影响着义务教育的改革，虽然小学和初中阶段或许还没有对孩子的阅读能力提出很高的要求，但这个趋势确实存在。

说到阅读能力的培养，无论是对于以英语为母语的孩子，还是对于我们这些把英语作为第一外语的人，机会是平等的。这和前文讨论的听说能力不同，听说能力只要在语言环境中浸泡就能自然习得，但是读写能力不同，就像我们中国人，即便没有上过学，也会说中文，听得懂中文，但是不一定会阅读，更别提写作了。英语读写能力对于以英语为母语的人也是一样的道理，因此摆在我们面前的机会是平等的。但是问题来了，为什么同样是学了这么多年英语，我们的读写能力却比很多以英语为母语的人要差呢？

你可能会反驳我，认为我们最强的就是英语阅读，但是从我的个人经历和众多学生的留学经历来看，即便通过了最难的 SAT、GRE 和 GMAT 考试并取得了高分，我们的阅读水平大概也只和美国小学三年级的学生差不多。

说到这个问题，我想到曾经有位爸爸来咨询我，他毕业于名校，很重视对孩子的英语阅读能力的培养，当时他的孩子已经高三了，而且拿到了美国排名前 30 名的大学的录取通知，但是这位爸爸觉得孩子日常读的英语书籍太少了,希望我能够给予帮助,看看如何启发孩子多读英语书籍。

这里涉及中美教育在阅读能力培养上的断层问题。我们的孩子很多在中国接受了义务教育,初中或高中去了国际学校或公立学校的国际部,然后大学的时候出国留学。在初、高中阶段,我们以攻克校内学科及搞定托福或雅思等语言成绩为中心,在我们的训练模式中,被大量训练的是英语的精读能力,中、高考英语试卷考查的也是我们对字、词、句、段的理解。但问题来了,等孩子大学出国留学,面对的是每星期几百页的英语阅读量,真的非常痛苦。

这种痛苦我亲身经历过,我大三的时候去了美国中部一所大学做交换生。因为我学的是英美文学课,每星期必须读完一本英文原著,并写英文学术论文。那学期我把90%的精力都放在这门课上了。我观察到本土学生比我轻松许多,他们可能花1~2个晚上就能读完书,然后花1~2天的时间就能完成论文。对于中国的留学生而言,精读和泛读的严重断层所带来的冲击在大学阶段得到了体现。

当然,大家或许会说,自己的孩子不打算出国。一个比较实际的情况就是孩子上了大学,考完四、六级,考完研,闯完了所有的考试关,英语也就丢得七七八八了。有时候我会忍不住思考这样学英语的意义是什么,千辛万苦十几载,最后全部还回去。我想,就算我的孩子以后不出国,我仍然希望她从小具备中英语素养,这就需要她从两三岁开始,从简单的绘本开始培养阅读英语的兴趣。从未来人才发展的角度来看,我认为如果真的想培养孩子的国际化视野,势必需要趁早获得泛读的技能,这个技能可以陪伴人一生,成为一个人的底层能力。学校培养不了的部分,就交给家庭教育来补足吧。

5.2.3 背单词难?可以用费曼学习法这一套

背单词对于很多人来说,是童年的"扎心"回忆,因为我们这一代大多数人都是以"学得"而不是"自然习得"的方式学习英语的，无法避免要背大量的单词。我自己上中学那会儿一直没觉得背单词是一件很难的事，因为我是在理解文章意思的基础上自然把单词记了下来，只有少量生僻的、古怪的单词需要特别背一下。并且，我也很喜欢用一些联想的方式，如把单词按音节拆分，联想其他单词或意思来进行关联记忆。关于记忆的方法，市面上有很多资料，这里就不赘述了。

我更想和大家探讨的是，并不是所有单词都需要背。比如，听力中常出现的单词，我们只要听得懂就可以；阅读中常出现的单词，我们只要认得就行，不需要会拼、会写。说到底，不是所有单词我们都需要掌握发音、拼写、意思，否则背单词将是一个无比浩大的工程。图5.7所示为英语单词分类和相应的要求。

图5.7 英语单词分类和相应的要求

前文我们说到在英语高考中，阅读的分值占比最高，达到了三分之一，我们就从阅读单词的记忆方法说起。

第一种方法是通过背诵文章或段落来背单词，这也是我在中学的时候常使用的一招。第二种方法是通过大量阅读（不背诵），遇到不会的单词就查阅，在阅读中反复巩固高频出现的单词，以加深印象。这两种方法表面上看着不一样，实际上殊途同归，都能避免以死记硬背的方式来背单词。从费曼学习法的角度来分析，这两种方法都是通过进行超出原有范围（单词库）的大量输入（文章），来奠定坚实稳固的基础，从而实现后续流畅的消化和输出。

当然，前面说到的方法都是针对有英语基础，且时间不紧迫的孩子。实际上我以往的很多工作都是在做一件"江湖救急"的事——一些孩子英语功底实在薄弱，但又临近大考，时间很紧迫，这时候没办法，只能强制要求他们背单词。虽然我自己并不认同这样的方式，但迫于家长的恳求，有时也不得不给孩子布置一些背单词的任务。常用的单词书包括分类记单词和词根词缀记单词两种，市面上有很多相关书籍，我认为大家不必纠结于买哪一本单词书，因为任何一本单词书只要踏踏实实背下来，词汇量都会有明显提高。当然，这只限于应付考试，并不能带来长远的效益。

5.2.4 英语作文能力如何提升？

我教了很多年英语写作，在这一节应该能说出很多感悟和心得，但回顾一下教英语写作的这些年，其实我的大量时间都用来教单词和语法了。有句话说出来有点"心塞"，但对于广大的学生群体而言或许是好事，那就是在我们从小到大面对的英语考试中，包括应试英语、中考、高考、四级、六级、考研、托福、雅思等，英语写作的思想深度要求都很低。低到什么程度呢？我大致评估了一下，最多达到美国小学四年级的水平。也就是说让一个美国小学四年级学生去考中国的大学英语，根本没有任何难度。

回到我们的话题，英语作文能力如何提升呢？写作作为一个输出项，最终还是要回归到输入的源头——单词、拼写、语法、句型，而它们被包罗在阅读这个大框架下。所以，还是好好做阅读输入吧。

> **Tips**
>
> 英语其实是不值得用整个学龄阶段攻读的一门学科，它和中文一样只是一个工具，并且英语学习对我们的要求完全达不到和中文一样的难度和深度，所以，越早搞定英语，对整体升学规划越有好处，可以留给孩子更多的时间去探索更好玩的事情。

5.3 数学要拿高分，你需要知道这些

数学可能是令很多家长和孩子头疼的学科。我曾经在一些自媒体平台上看到有家长说："数学非常看天赋，如果孩子天赋不好，建议就别折腾孩子了。"还有人说："没天赋更得补，数学是主科，走到哪都要用，我还是想请老师到家里补补课。"这两种观点的背后，反映了两个家长派别——前者是"躺平派"，崇尚快乐教育，孩子不是这块料就干脆不瞎折腾了；后者是"鸡娃派"，无论如何都想通过补习、刷题等方式把孩子的成绩提上来。

回顾一下我的童年，也补过数学课，但是初中以前没有，因为小学数学很简单，我的成绩还不错，但是我绝对不属于天赋型选手，因为我拿奥数题验证过——我确实做不好，也没什么兴趣。我第一次补数学课是在初二的时候，初二数学变难了，加入了大量几何题，几何题需要用到空间思维，这对我而言很难。于是，当时我的父母在暑假期间为我请了个家教，这个家教是个名师。我记得她并没有教我很多应试技巧，而是通过点拨的方式，结果很神奇，我在那个暑假成功"开窍"了，实现了数学成绩的快速提升。高中选择了文科班后，我更是把数学作为了强势学科。

这么看来，当时我的父母既不属于"躺平派"，也不属于"鸡娃派"；

既没有过度强调天赋，也没有盲目送我去补课。所以我始终认为，数学需要依赖天赋，但要看想让孩子达到怎样的程度。比如，现在非常流行以奥数成绩来升学，就需要孩子有这方面的天赋，因为奥数的难度远远超过课内知识，如果孩子没有天赋，到了一定阶段就会跟不上。但是，如果只是参加中、高考，我认为还真到不了"看天赋"的程度。

5.3.1 相比学习方法，我更看重数学能力

多数家长说到提升数学成绩，第一反应无非是刷题和上补习班，一些更加懂行的家长可能会说："学习方法也很重要！"确实，我并不否认，对于数学而言，它的输入方式并不像语文和英语那样直接。语言类的输入通过听和读就能完成，但是数学更加强调思维，以及使用数学工具去解决现实生活中的实际问题。而且就算是补课，也需要一个"开窍"的过程，仿佛那些数学老师反复讲解的公式、方法和技巧都只是敲门砖，而要想打开数学神秘的大门，还得看学习者本身的造化。正所谓"师父领进门，修行在个人"，至于什么时候"开窍"，那真的是因人而异。从这个角度来看，"天赋论"也不是一点儿道理都没有。

大多数人会通过上课、刷题的反复催化，拥有一次或多次"开窍"的机会。我是比较幸运的，用一次机会就"开窍"了，很多学生可能要经历两次、三次甚至更多，只要坚持，"开窍"是非常有希望的，只是时间早晚而已。有人也许会问：只通过上课和刷题可以学好数学吗？掌握了数学的学习方法就可以学好数学了吗？我认为并不是。上课和刷题可以让学生对大部分题型拥有较高的熟练度，这在考试中是必要的。但是万一考试题变化较多呢？比如，2022年的高考题目就直接把很多学生"打"蒙了，但是有一类学生却"幸存"了，那就是具备数学能力的学生。这么看来，数学能力和语文素养一样，是底层根基。有了它，我们再谈学习方法，再谈熟练度，再谈应试技巧。

那么，数学能力如何培养呢？这里和大家分享一个故事。我的朋友Kelly生活在江苏，她的孩子从三年级开始学奥数，是奥数集训队的，保守估计在她的城市能排前20名。她的孩子对数学很有兴趣，于是我非常大胆地给她的孩子规划了一条凭奥数成绩一路升学的路径。与此同时，我也非常想知道她到底做了什么。当然，这样的孩子可遇不可求，一定是有数学天赋的，但是撇开孩子的数学天赋不说，我还想知道，Kelly在孩子上学之前做了哪些有意义的事情。我想知道她做了什么，是因为我遇到很多有潜在天赋的孩子，但因为父母的不当教育被埋没了。如果我明确了Kelly的教育方法，至少可以帮助这一部分孩子，让他们的天赋显露出来。

令我非常惊讶的是，Kelly并没有给孩子做过很多所谓的数学启蒙，也没有很早就送孩子去上奥数班，而是孩子看到班上其他同学学奥数，就说也想试一试。在学龄前阶段，Kelly只做了一件事——让孩子玩。我在她的收纳箱里看到了大量的桌游，这些桌游是很多中国父母认为不务正业的玩意儿。此外，也有一些与数学有关的绘本。当我问Kelly为什么给孩子买这么多桌游时，她说："这些东西才是真正能启发孩子思考的。"

也许你会说Kelly的育儿方式不具有普适性，是的，我当时和她聊完后也是将信将疑，直到后来我在出国访问期间和一个数学教授沟通，说到了这样的问题，他说："数学游戏、桌游会让孩子在无痛的状态下对数学产生兴趣，培养底层能力，而这种兴趣和能力是非常可贵的。"我恍然大悟，的确，很多孩子会觉得学数学很痛苦，而绝大多数的痛苦源于家长和学校不会引导。这些能够开发思维的游戏或许真的可以帮助孩子在低龄阶段实现快乐教育。

5.3.2 小学奥数要不要学？看你的目标

既然说到数学的快乐教育，就不得不提小学奥数这样"反人性"的比赛。以往有无数家长前来咨询，问我有没有必要让孩子学小学奥数，尤其是在"双减"之后，整个社会并不提倡超前学习，很多奥数机构也纷纷关闭，在这样的情况下，到底还有没有必要让孩子学小学奥数？

关于这个问题，我想从三个方面去谈。

首先，我在前文说过，奥数的难度是远超课内知识的，所以除非孩子很感兴趣，愿意挑战自己，不然即便孩子在小学时奥数取得了不错的成绩，到了初、高中也很容易放弃，所以凭借奥数升学很有可能会过早地破坏孩子对数学的兴趣，那就得不偿失了。

其次，小学奥数是提前学习初、高中数学知识，本质上是一种"超前学"，但是奥数班所教授的解法又和初、高中阶段不一样。比如，"鸡兔同笼"问题放在小学奥数里需要用到一些诀窍，也就是"解题套路"，但这个问题到了初、高中完全可以用方程解答。因此，学习小学奥数并不会给初、高中带来知识层面的优势。

最后，我也不得不从功利的角度出发，来看待这个问题。一些省市的名校依然会在小升初的择校或分班时参考小学奥数的成绩，因此对于会面临这个问题的孩子，或许学习奥数是无法避免的事。如果孩子有这方面的需求，家长可以送孩子去奥数班试一试，但孩子没兴趣的话就算了吧。

5.3.3 最后，我们聊一聊数学方法

关于数学方法，我放在最后来说，是因为我认为在初中以前，不需要所谓的方法。比起方法，兴趣和能力才是更重要的。但是为什么仍然要聊一聊数学方法呢？因为等孩子进入中学阶段，数学方法就变得非常重要，还是要重点关注一下的。

从小学过渡到中学，在代数的运算能力上对学生提出了更高的要求，而代数这一知识板块中最难的因式分解考查的是一个孩子的观察力、想象力和创造力。这听起来很抽象，实际上是有提升方法的。学生们可以进行专项突破，把因式分解的题目汇总（市面上很多书籍和练习册已经帮我们

做好了分类），然后集中训练，训练的时候需要注意的是观察和思考当中的规律，再搭配上适度的刷题。学有余力的学生（如整体水平属于中等偏上的学生也可以适度超纲学习，如刷一刷奥数题中的因式分解。这种整体拔高会对初、高中代数的学习起到积极的作用。

中学数学还有一个难点，就是逻辑。

逻辑这方面的内容很少被学校老师提及，却十分重要，可以说它奠定了数学学习的基础。之前有一个高中生向我抱怨，说刷了很多题，也上了很多课，数学成绩依然很糟糕，他因此陷入了习得性无助。我给的建议就是先放下手里的题，也把课外班停掉，老老实实提升一下逻辑。关于逻辑提升的书籍，市面上有不少，我比较推荐学生和家长阅读的是《思维分级训练1~9》（针对4~12岁的孩子）和D.Q.麦克伦尼教授的《简单的逻辑学》（针对10岁以上人群）。我发现很多孩子到了中学，连小学阶段应该掌握的思维能力都没有，这时候就要老老实实把之前缺少的能力补足，然后再进行技巧性训练。当然，这里必须强调，有时候名师的点拨也能起到关键作用，就像我前面说的，不管方法有多少，能"开窍"才是最终解。

> **Tips**
>
> 学数学主要看思维能力，学习方法是其次。

本章小结

◎ 在语文的学习规划中，素养提升必不可少，尤其是在当今的大语文时代，阅读是一个非常棒的输入形式。

◎ 英语方面的规划，建议从学龄前开始，相信我，这是一个不需要拖到初、高中再开始集训的学科，可谓是早学早受益。

◎ 数学的学习既有天赋的成分在,也取决于家长为孩子规划的长远目标。在能力的基础上谈方法,可能能帮孩子解决数学成绩不好的困惑。

[**思考与行动**]

◎ 在主科学习的规划道路上,你做对或做错过什么?

◎ 从这一刻开始调整动作,或许能让孩子的升学道路更加顺畅。

第六章 实战：用费曼学习法提高作业效率

完成作业可以说是"学生"这一角色的天然使命。我们每个人都做过作业，但只有极少数人真正摆脱了低效作业。

在本书第一章和第二章，我详细讲述了费曼学习法的步骤和使用误区，事实上费曼学习法的核心非常简单，即精准输入目标内容，经过对信息的处理和消化，再用自己的方式输出，以达到全面吸收、消化内容的目的。这一章我们具体谈一谈如何将费曼学习法用到日常作业中。

"我每天都认真做作业了！"我身边不少学生这样跟我说。的确，为了完成老师的要求，他们或许在作业上花费了大量的时间和精力，看上去每天都很努力，但只要一遇到考试，平时做过的题目也不会做了，这属于"假努力"。还有一些学生作业做得很认真，经常受到老师的表扬，但只要考试题目在作业题的基础上稍微变化一点，他们就不会做了，这属于"'死'读书"。无论是"假努力"还是"'死'读书"，都是没有真正用好费曼学习法，导致付出和收获不成正比。

你或许也发现了，真正的"学霸"并不怎么上补习班，他们的作业效率很高，并且也不会大量刷题，不过参加考试时都能从容应对，令人佩服不已。那么，他们究竟是怎么做的呢？为了方便学生和家长理解，我接下来会按照回家做作业的顺序（复习——复述——作业——练习——预习）逐步展开来谈。

6.1 复习秒杀法

有多少学生一回到家就立刻开始做作业？

有多少学生在开始学习时，第一时间打开作业本？

我在新东方教授托福的时候，每次下课前都会提醒学生回家后先复习一下当天所学的知识，再开始做作业。但我发现，真正能做到的人寥寥无几。

我曾经在小范围内做过调研，询问班上的学生为什么总是忘记复习。他们的答案出奇一致："作业已经够多了，如果我还花时间复习，就做不完作业了。"

其中有一个学生的答案让我印象深刻："我其实不喜欢做作业，但是每次想到做完作业就可以做喜欢的事情，我就会想办法更快地完成这件令人讨厌的事。但是如果我一上来就做，会有好多题不会，又要翻书找答案，很浪费时间，还不如先把书里的东西都灌到大脑里，然后在做作业的时候随时就能调出某个知识，这样能快很多！"

这个学生后来去了美国斯坦福大学。

在我看来，这才是真正聪明的做作业方法，即先复习再做。我在第一章中提到过"深度消化"，把上课作为精准输入，也就是费曼学习法的第一步。但如果我们不做"复习"这个动作，就相当于直接跳过深度消化而进入输出环节。没有经过消化的步骤，只会让输出变得困难。简单来说，如果没有复习当天所学就直接做作业，反而会大大降低做作业的效率，不仅拖慢了做作业的速度，而且大概率会出现做完作业仍然记不住所学知识的情况。

在我做过的小范围调研中，没有做"复习"这个动作而直接开始做作业的学生，即便花了大量的时间完成作业，而当第二天回到课堂被提问的时候，只有极少数人可以准确复述出上一节课的内容，哪怕提问全部来自上一节课的作业。

6.1.1　"记性太差，我没救了！"

那个去了美国斯坦福大学的"学霸"的例子，我后来分享给了很多学生，一些学生的第一反应是："人家记忆力超强，过目不忘，我要是有那功力就好了！"

这只是很多人不好好学习的借口。因为记不住，所以不复习；因为不复习，所以作业不会做；因为作业不会做，所以厌恶做作业，然后发现自己越来越讨厌学习，这是一个恶性循环。

关于记忆力，我在第四章中专门用了一节进行探讨。其实，记忆力的强弱往往取决于大脑的使用频率，老一辈总喜欢说："脑子越不动，人就越懒。"所以在我看来，人的记忆力有差别，但绝对没有很大的差别，只是需要留意一下"输入内容"和"复习"之间的时间差。比如，我从前准备 GRE 考试时，需要记忆大约 2 万个单词。在很多人看来，这是对记忆力极大的考验，我自认为我的记忆力不差，但绝对没有很好，跟大多数人差不多。我之所以能够记住，是因为我每天都会复习前一天背过的单词，复习的次数越多，记得越清楚。

对于大多数学生而言，除了周六日和节假日，每天都要去学校上学，所以有很多次主动回忆和复习知识的机会。比如，一节课结束后，利用休息时间中的一分钟，回忆上一节课的重点。此时的记忆应当是很清晰的，但即便如此，也会出现老师讲过的知识点回忆不起来的情况，这时可以在课本或笔记本上标注一下，等放学回家后再拿出课本或笔记本巩固。

如果是上课外辅导班，每节课之间会有比较长的间隔，如一周上一次课，那么我建议复习这一步做两次，第一次在当天上完课后，第二次在开始做作业之前。据我观察，多数学生会选择把作业拖到下一次课之前，但问题就在这里，由于两次课之间隔了一周，很难记得上一次课学了什么，于是这种情况下作业效率会更低。及时复习的好处在于可以快速消化所学知识，这样一来，即便两次课之间隔了很长时间，再次回顾也不会太费劲，反而有一种似曾相识的感觉。

6.1.2 天天熬夜看书，不如合上书讲出来

有的学生每天都特别努力，尤其是到了初三、高三这种关键节点，天

天都要熬夜看书。我问他们熬夜那么苦，真的看得进去吗？他们还会拼命点头，用力表演"我很努力"的样子。可实际上呢，有的学生喜欢抄书，既然是抄，那就边听音乐边抄；有的学生喜欢一字一句地读，可读来读去，思绪早就不知道飘到哪里去了……

还记得前文提到的消化和输出吗？"合上书，讲出来"对应的就是消化和输出。我职业生涯中第一次讲课是在新东方，但并不是面对学生，而是面对一群资深老教师。由于新东方的传统是以老带新，几乎每一个新老师都会被安排由老教师带着磨课。我们每次备完课都要写逐字稿，也就是将上课要讲的话一句一句写出来，什么地方要安排段子、什么地方要进行互动等都会提前设计好。即便如此，刚开始站在讲台上面对一群老教师时，我还是紧张得"要命"。

但恰恰是一次次的"合上书，讲出来"，让我对如何讲课、要讲什么、如何确保课堂效果等烂熟于心。后来经常有学生问我："老师，你怎么会记得那么清楚？一本书第几页第几行写了什么都知道！"我其实就是靠一次次"合上书，讲出来"慢慢磨出来的。要是我不做这个动作，而是天天盯着逐字稿，估计真上了讲台，我最多只能记得一小部分。

现在大家知道为什么要"合上书，讲出来"了吗？其实原理是相通的。在讲的过程中，我们会知道哪里是已经记住的，哪里是没记住的，哪里是以为记住了其实没记住的。

> **Tips**
>
> 很多学生之所以学习成绩一般，难以进步，就是因为总会陷入"我都会了"的错觉。人总是习惯于自我欺骗，只有当我们"合上书，讲出来"，我们才会清醒，才能知道自己有没有骗自己。

6.2 多维输出法

前文中反复强调了消化和输出的重要性,那么有些学生可能会问,"我"如何讲出来呢?是对着空气讲吗?其实我们有很多种方式,下面列出三种方式,相信可以帮助大家。大家也可以结合实际情况,找到自己喜欢的方式。

6.2.1 不好看的思维导图才最实用

我推荐的一种输出方式就是绘制思维导图,因为它足够有趣,且有创意。不少人对思维导图有误解,还有很多学生拿着一张张精致的画来到我面前,一看就是至少花了两个小时才画出来的。虽然它们真的很漂亮,但是在我看来却毫无意义!因为思维导图的核心是"思维",而不是"导图",这一点我在前文中反复强调过。我们的目的是通过这种输出方式,来记忆所学的知识,而不是训练绘画技巧。我们画的图不需要展示给任何人看,甚至它都不需要是一张图。

我们绘制思维导图的过程实际上是合上书主动思考——画图——打开书确认——合上书画图的过程。在绘制思维导图的整个过程中,主动思考非常关键,如果我们把大部分时间花在了画画、抄书上,那么就是用战术上的勤奋来掩盖战略上的懒惰,是一种浪费。

绘制思维导图也可以只以文字的形式列出要点,就像我在这本书中用的小标题(如 6.2.1、6.2.2)一样。这样的文字图示可能包含大量的符号、箭头、连线等,体现了一个人主动思考、主动输出的过程。相反,如果是照本宣科,或者从书中抄写,虽然能让纸张上的内容看起来非常工整、清晰、有条理,但是并不能发挥思维导图应有的作用。

我们的目标是理解和消化,所以无论思维导图是以图为主还是以字为主,是用手画还是用电脑画,只要能帮助我们记忆和理解,就是好的思维导图。

图 6.1 所示是我制作的思维导图，使用的软件是 XMind，供大家参考。我个人更偏向于使用软件绘制，但是使用软件绘制往往有局限性，比如它难以像手绘一样想画就画，想涂改就涂改。因此，对于学生群体而言，我更推荐手绘，尤其是在不方便使用电子设备的情况下。

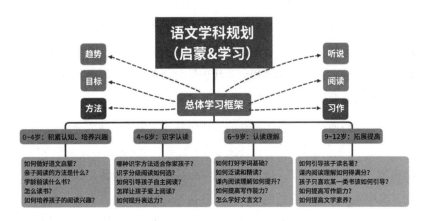

图6.1　思维导图示范——语文学科规划

6.2.2　是时候和父母玩个"坦白局"了

说起学习高中历史，那真是我的一段不堪回首的经历。作为一个文科班的优等生，我虽能搞定语、数、外，却偏偏每次考试都被历史成绩拖后腿。所有人都告诉我历史不难学，抱着书好好背就行，可我就是背不下来。为此，我妈跟我玩起了"坦白局"。

所谓的"坦白局"不是多复杂的游戏。我和我妈每天都早起半小时，我看15分钟历史书，她做饭，剩下的15分钟，我把刚刚背的东西讲给她听，并且要尽量确保她一个没看过书、没上过历史课的人能听懂。这个游戏我妈陪着我玩了半年，我的历史成绩果然提升很快。很多年以后，当我回过头去看这段经历时，发现其中的原理就是费曼学习法，即用理解的方式输出，从而消化吸收输入的内容，如图 6.2 所示。

图6.2　费曼学习法：输出倒逼输入

类似的案例可能大家也听过。之前有一则新闻是关于一位文化水平不高的农民父亲的，他培养了两个孩子，一个上了清华，一个上了北大，在接受记者采访时，这位父亲说："我也没啥文化，啥都没教给他们，只是让他们教给我他们在学校学的内容。"

讲给父母听，这种教学相长的方式是我非常喜欢且认为非常有效的输出方式之一，但前提是亲子关系良好。我曾经把这个方法推荐给我的学生们，结果被一些学生拒绝了，他们表示回家以后很少和父母讲话。他们很多是初、高中生，正值青春叛逆期，所以我也不好勉强。但我仍然认为，讲给父母听是一个非常好的方法，就像我曾经面对老教师会有压力，因此更会好好准备一样。当面对一个人时，我们的压力会增大，但也因此状态会更好，记得更清楚。

从父母的角度而言，千万不要不耐烦，或者有任何压力。我曾经听过一个妈妈和我诉苦，因为她文化程度不高，非常担心在面对孩子的时候显得笨拙。我告诉她要放轻松，做真实的自己。即便是高学历的人，也会遇到自己不懂的知识，不妨坦诚地和孩子说自己不会，需要孩子做个老师，帮助自己理解。当家长没有听懂的时候，也可以反馈给孩子，让他把你当成一个学生。

无论如何，我们的目的是帮助孩子更好地理解所学的知识，只要能达到这个目的，哪怕父母像听天书一样听孩子滔滔不绝，也是一种享受。相信我,当一个孩子喜欢并能学懂一门学科(或一个知识点)时,他们会非常乐意分享,哪怕是一个内向的孩子;而如果父母表现出不耐烦或紧张的情绪,反而会让孩子失去分享的兴趣。

6.2.3 自言自语也是一种享受

当然,我非常理解一些孩子不愿意讲给父母听,或者有些父母很忙,没有时间听孩子讲课,因此,输出也不必局限于对着父母或同学讲。如果实在不愿意讲给别人听,可以打开手机录音软件"自言自语"。这种方式听起来有点好笑,但其实也是一种好方法。当你试图对要讲的东西进行录音时,也会有一定程度的压力,大家可以试一试。录音仍然需要我们用口述的方式把知识点讲出来,而讲的过程会倒逼我们回忆刚刚翻书时看到的内容,只是这种方式由于缺少互动和反馈,效果可能会比讲给父母听略差一些。

> **Tips**
>
> 虽然画思维导图、讲给父母听和录音三种方法各有利弊,但都是值得一试的,大家可以根据自己的实际情况来选择。

6.3 "学霸"作业法

当我们做好消化和输出这两步之后,就可以开始做作业了。此时,我们的状态应当是胸有成竹,因为我们已经充分吸收并消化了知识,完成作业只是一种检验方式。并且,在记忆清晰时把作业做完,相当于加深印象。那么,在做作业的过程中,有哪些需要注意的事项呢?这里分享我认为比较重要的三点。

6.3.1 "这道题我会,一时失误罢了"

很多学生在做题时都离不开答案,还没有深入思考,就会下意识地翻看答案,然后恍然大悟,甚至会一拍大腿,感叹"我本来就是这么想的""这道题我其实做得出来"。

我在学生时代也有过这样的习惯,后来我努力改掉了写作业翻答案的坏习惯,不仅做作业效率提高了,而且真正学到了相应知识。

> **Tips**
>
> 其实这种坏习惯的背后是人性的懒惰,答案就像一种让人上瘾的药,没有人愿意承认自己弱,除非是完全看不懂,否则大多数学生会边看答案边自我说服,甚至会把抄答案当作一种学习和记忆方式。

我始终认为,如果是带着翻答案的习惯做作业,做作业就变成了一种无意义的劳动,那还不如不做。我也经常跟低龄阶段孩子的家长说,买教辅练习册回来后,记得先把答案撕掉,不让孩子有依赖答案的机会。年龄稍大的孩子可以自己主动这样做,如果你做不到,请提醒自己:我们所做的一切事情的目的是高效完成作业,而不是完成作业。

6.3.2 做作业时保持考试的状态

为什么很多学生作业做得很好,但一到考试就不会了?真的仅仅是因为紧张吗?

我觉得不完全是。我总是和我的学生们反复强调,要认真对待作业,什么叫"认真"?我们不妨想一下自己在考场上是什么状态。

首先,考试需要严格限时。当我们在一道题上卡太久时,时间压力让我们不能发呆、不能休息,我们就要做一个标记,先跳过这道题,完成后面的题后再回过头来做这道题。但是很多学生在做作业时,是不会给自己设定时间的。我们在做作业时，应该提前做一个规划：这门课的作业预计会用多久？可不可以定个闹钟防止拖延？如果作业太多，我们需要用碎片时间来完成作业，也应该大致规划一下完成的时间。我建议每个学生都做一个这样的规划，对于低龄阶段学生（如小学生），可以由家长协助孩子完成。等完成作业后，再做一下复盘，对比计划完成时间和实际完成时间（如图6.3所示），复盘一下是什么原因导致提前或延迟完成，从而做到心里有数。

任务	计划开始时间	计划结束时间	实际开始时间	实际结束时间	计划完成量	实际完成量
吃晚饭	17:30	18:30	17:30	18:30	—	—
数学作业	18:30	19:10	18:30	19:45	10道题	10道题
休息	19:10	19:20	19:45	20:00	—	—
语文作业	19:20	20:00	20:00	20:20	2篇阅读理解	1篇阅读理解
休息	20:00	20:10	20:20	20:30	—	—
英语作业	20:10	20:30	20:30	21:00	30道单选题	30道单选题
课外阅读	20:30	21:30	21:00	21:30	30页	13页

图6.3　计划完成时间与实际完成时间的对比

其次，考试时需要认真书写，保证做题步骤规整。我见过一些学生，抱有不切实际的幻想，认为即使平常作业潦草马虎，到了考试也能认真对待。如果你也这么想，我奉劝你早点打消这个念头。要知道，只有极少数人考试时能超常发挥，多数人能正常发挥就很不错了。因此，我们做作业时也要保持考试时的态度，认真对待、字迹工整、不跳步骤，多站在出题人的角度思考。

6.3.3　整理错题没有你想象的那么复杂

每次说到错题本，总有一些学生会反驳我，很多学生认为，完成作业后整理错题是一件非常浪费时间的事，毕竟在练习册上订正更快、更方便。把这些错题"搬运"到错题本上，相当于付出了双倍的时间。我也观察到，很多学生整理错题是在敷衍了事，简单地写一行错误原因就算过了，等以后我让他们把错误原因给我讲一讲时，很少有人能讲出来。

错题本的意义到底是什么？

多写一遍错题真的能够加深印象吗？

整理错题本要花费很多时间，真的值得吗？

有一段时间，我也常常思考这些问题，因为在我的学生时代，错题本并不怎么流行，我也没怎么用过。所以我实在无法用我的经验告诉学生们错题本多有用。直到后来我读了一篇文章，里面有一句话让我印象深刻——"好的错题整理，能帮我们加速完成由'题目'到'题型'的认知。"这句话怎么理解呢？如果我们只是为了抄而抄，只是单纯做了"搬运"这个动作，那么错题本的价值是不大的。但如果我们在"搬运"的过程中，借着一个题目，把一类题型都弄懂了，那么错题本的价值是非常大的。

如何做到由"题目"上升到"题型"呢？这里我想分享一个我之前带过的"学霸"的故事。这个"学霸"非常会整理错题，虽然她的字写得不怎么好看，但是她的错题本令我至今印象深刻。首先，她并没有单纯地"搬运"题目，而是用一些简单的符号记录题干的重点；其次，她使用了一个活页夹，将同类型或相似类型的题目汇总在了一起（如图 6.4 所示）；最后，她还把原本是怎样思考的及这样思考为什么不对用不同颜色的笔写了下来，这样一来，无论她日后什么时候回顾这些题，都很容易看到错因，印象也会很深刻。她还告诉我，每隔一段时间回顾错题的时候，她都会将错题当作新题重新做一遍。

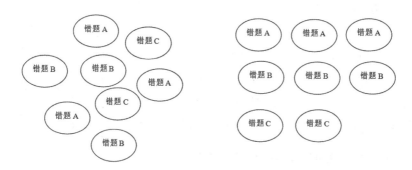

图6.4 无序整理VS按照同类型题型进行整理

你看,不自欺欺人才能成为真正的"学霸"啊!

人特别容易欺骗自己,比如把题目做一次"搬运"就以为自己懂了,稍微看两眼,回顾一下错题也以为自己懂了。但是从上述这个"学霸"的例子里,大家应该感受到了,真正承认自己不懂、自己不会,才是弄懂的第一步。

既然整理错题这么有用,那么是不是所有学生都要用错题本呢?对于这个问题,我并没有一个很绝对的答案,对于有很多知识盲区的学困生而言,整理错题的意义不是特别大,一方面是因为他们实在有太多错题了,根本整理不过来,而且确实耗费时间;另一方面是因为他们完全可以用这个时间重新把知识点巩固一遍。并且,我认为学困生在整理错题时压力很大,因为从人性的角度分析,没有人愿意承认自己很差。

Tips

整理错题的方式是因人而异的,我们要兼顾每个学生学习程度的差异。如果你真的打算整理错题,就要提前设定一个标准,确保这样的"搬运"是值得的,可以参考我介绍的例子中那个"学霸"的整理方式。

6.4 课后练习法

完成作业后,一个不可缺少的环节便是课后练习,尤其是在教育日趋"内卷"的今天,几乎没有学生认为做完作业就结束了。课后练习也涉及很多方法,和做作业一样,也需要我们像考试一样认真对待,并把不懂、不会的题目整理到错题本上。除此之外,这里有两点想和大家分享和探讨。

6.4.1 刷题并不有趣,但也别太排斥

很多人认为刷题是一件很无趣的事情,因此对刷题非常排斥。在现在的大环境下,素质教育被大力倡导,人们意识到机械性地刷题并不能带来很大的益处,反而会让人失去创新精神。一大批学者、专家站出来鄙视刷题,声称要活学活用,要拓宽视野,要提升软实力。这些我认为都没有错,但是我们并不能那么绝对地说刷题完全没用,尤其是对于逻辑性很强的数、理、化学科而言。

刷题有哪些作用呢?有人说可以巩固课内所学知识,有人说可以检验学习成果,还有人说可以提升考试答题速度,因为刷题能让我们对特定题型非常熟悉,所以考试的时候能更快做出来。

是的,刷题还是很有用的。那为什么那么多人反对刷题呢?这里给大家讲一讲我的两个学生小 C 和小 Y 的亲身经历。

小 C 前不久陷入了"习得性无助",因为她做了很多数学题,但是考试分数依然不理想。她问我:"老师,我是不是很笨?是不是就不是学习的料?"小 Y 同样陷入了刷题的烦恼,他比小 C 成绩好,在班里属于中上水平,但是他发现自己很难兼顾那么多门学科,尤其是当语、数、外、政、史、地、理、化、生都摆在他面前时,他非常崩溃。

两个人都认为刷题是有用的,小 C 的问题是什么呢?她总是自以为自己学得很明白,然后在刷题时又发现有很多题不会做。她并没有停下来,

重新回到输入环节弥补知识盲区,反而是继续刷题。她应该做的是暂停刷题,重新学习,直到把不懂的知识弄明白,再通过刷题来检验,这样才能起到"检验学习成果"的作用。

小 Y 其实进入了另一个极端。他已经对大部分的题型了如指掌,之前也通过刷题提高了熟练度,这种情况下他还要继续刷题,不仅浪费了很多时间,而且很难有进步,这就陷入了无效刷题。说白了,小 Y 只是通过刷自己熟悉的题型躲在自己制造的舒适区里,没有往外迈出一步。

在做题错误百出或基本全对的情况下,刷题都是无效的。做题错误百出的人需要重新回到输入环节,而做题基本全对的人过一段时间再回过头来复习即可。

6.4.2 别被你虚假的幻觉骗了

有段时间我莫名其妙地被同事冠上了"时间管理大师"的称号,虽然有些无奈,但是认真地说,我觉得自己还算对得起这个称号。

事情的起因是有段时间我的老板给我们布置了非常多任务,过了大约半个月,他发现其他老师要么是没有完成,要么是完成质量不高,但是我两者兼顾,高质量地完成了。这让他刮目相看,于是便有了大家给我的称号,甚至后来我还被老板在例会上点名,让我分享一下自己是如何管理时间的。

上大学时每次老师布置任务,我都能准确预估出这个任务需要的总时长,以及可以拆分的板块,于是,我会在拿到任务的第一时间把大任务拆成小任务,然后拿出日历,把每个小任务按照截止日期有序地排列在每一天的任务栏里。当然,我和很多人一样,追求新鲜感,所以我从来不会将某一个任务放在截止日期的前两三天来做,因为相比每天做一点,花费一整天时间只做一件事情实在是太无趣了。

正因如此,我将大任务拆成了小任务,每个小任务的耗时均为 1~1.5 小时,每天安排 4~6 个小任务,如果需要加班,就安排 8~9 个小任务。大家看到的情况是，我每天都在工作，但是我完全不觉得枯燥，这样一个小任务接着一个小任务高效完成，大部分时候我可以准点下班。一天结束的时候我会有很大的成就感，感觉自己做了好多事。

之所以说起这件事，是因为我发现很多人和我的习惯不一样，尤其是学生。大多数学生喜欢临时抱佛脚，喜欢填鸭式的整块学习，而且他们的逻辑是，只有在考前花整块时间来学，不穿插其他活动，在考试中才能发挥得好——因为间隔时间短，所以记得牢。我对这样的逻辑哭笑不得，他们都误以为自己已经学会了、记住了，以这样的强制性方式让自己获得心理上的安全感，但是我相信，考完试以后，他们会很快忘记所学的一切。

我并不想说这样的学习方式是完全错误的，因为确实有人乐此不疲地这样做了很多年，而且学习成绩也不差。但是从科学的角度来说，将大块的时间拆分，中间穿插一些其他活动，更有利于知识和记忆的巩固。

课后练习也是一样，就拿之前提到的小 Y 的例子来说，他大可不必将所有学科都安排在同一天练习，他可以将练习任务分成 A、B、C、D、E、F 等模块，然后按照以下顺序来安排。

周一：A、B、C、D；

周二：A、C、D、E；

周三：B、C、E、F；

周四：A、B、D、E；

周五：A、D、E、F。

这样每一门学科在一周内至少可以练习三次。这样做一方面我们可以感觉任务很轻松，没有太大负担，另一方面我们能够有二次强化的机会。这样的间歇提取的练习方式更容易实现且更能发挥作用。

> **Tips**
>
> 无论是刷题还是间歇安排任务，我认为最重要的是两个字——灵活。不要没事做就一直刷题，也不要完全不刷题，适度练习是必须的，我们要学会合理安排。

6.5 主动预习法

很多老师都强调过预习的重要性，但是究竟要怎样预习，预习有什么方法，要达到什么样的目的，却很少有学生知道答案。说到这里，我先给大家分享一件近期频繁遇到的事。

事情的起因是我在小红书平台发布了关于升学规划的视频，很多学生和家长私信我。他们当中 80% 的人会问："我家孩子要怎么规划？""我想咨询一下如何做规划？"我们都知道，升学规划是一个非常庞大的体系，在我完全不认识对方、不了解对方情况的时候，实在很难给出一个比较准确的答复，于是我会追问一句"请问您能否问一个关于规划的具体问题？"结果大多数人都不会再回复，这件事也就不了了之了。

我常常思考为什么对于很多人来说，提出一个具体的问题会这么难。他们明明是有疑惑的，明明是想知道一些问题的答案的，但是他们提不出问题，或者说提不出一个可以让对方立刻给出答案的问题。但与此同时，他们又追求简单直白的答案，仿佛期待着我一句话就能解决他们存在了很多年的困扰。

这样的问题同样发生在预习这件事情上。我曾经让班上的学生回家提前预习下节课的内容，到了第二节课，我统计了一下结果，大致有三种情况。第一种是把我的话当作耳旁风，没有预习。这类学生觉得预习非常浪费时间，不如直接听老师讲。第二种是预习做得极其到位，把下节课要学的内容从头到尾看了一遍。这类学生很认真，也很努力，但是他们往往只是看了一遍，却没有在过程中进行任何思考。当我在讲课前问他们有没有问题的时候，他们往往会默不作声，但实际上，他们即便预习了一遍，上课又听了一遍，最后还是有很多知识没有掌握。第三种是带着问题进行了预习。这类学生是凤毛麟角，他们最多只占10%。他们能够提出具体的问题，带着问题走到课堂中，这样他们在听完一节课后就会有巨大收获，还能产生新的想法和思考，并与我探讨。在我看来，他们的预习没有白做，时间没有浪费，他们真正感受到了主动预习的价值。

6.5.1　带着拆盲盒的心态预习

近几年，盲盒成了一种流行的消费模式。我见到很多学生对于购买盲盒特别有兴致，私下聊天的时候便会问他们为什么喜欢盲盒，他们的反馈差不多都围绕着"拆盲盒很有趣"这个答案。的确，盲盒的设计本身就蕴含着很多心理学原理，在产品供给富足的今天，消费者往往会为了心理上的愉悦体验而买单。

预习和盲盒有什么关系呢？

这里我们先来看看常规的预习方法是什么样的。我们假设一个学生把预习当作一种提前学习，他会从要预习的章节开始，先一字不落地看完，然后想办法学懂，最后做课后测试题来检验自己是不是真的学明白了。这三步是我们预习的常规步骤，过程中没有任何惊喜或惊吓，一切都是按部就班、顺其自然的。但是用这样的方式预习有什么弊端呢？首先，这样预习需要花费大量的时间，实际上我们在预习中只花十几分钟简单了解一下要学的内容即可。其次，正因为这个过程中没有任何的"刺激"，所以我们的大脑很多时候是在被动接收信息，难以转化为主动思考，于是，就很容易导致我们提不出具体的问题。

既然我们需要在预习中加入一些有趣的、刺激的成分，以此来催化主动思考，我们就可以借鉴盲盒的原理，在预习时直接跳过正文部分，先做课后测试题。当然，因为我们没有完整学习过正文内容，所以做课后测试题并不是为了做对，而是为了刺激我们主动思考这一章节的重点和难点，从而提出问题并带着问题走入课堂，如图 6.5 所示。

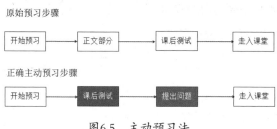

图6.5　主动预习法

这种"预测试法（Pretest）"经过了很多专家学者的验证，甚至一些国外的教科书会在每个单元前设置一个 Pretest 板块，方便学生在预习时花 10 分钟左右的时间对新的内容提前进行预判和思考。

6.5.2　预习绝不仅限于课内一个单元

看了预测试法，可能很多学生的心态都放松了，觉得预习是一件很简单的事情。的确，它并不复杂，也不需要我们花费大量的时间，只要教材中每个单元包含"课后练习"板块就可以了。但是如果教材中没有这个板块呢？如果我们把学习的范围扩大了，不仅限于课本里的知识，我们又该如何预习呢？

回到前面的例子，一些学生和家长在小红书平台上私信我询问如何做升学规划，但是无法提出具体的问题。我后来仔细想了一下背后的原因，主要可能是因为提问者对于升学规划这个大概念没有自己的认知，对于没有概念的东西大脑中是一团乱麻的状态。就像我没有学过机械工程，如果有人给我讲一些机械的运作原理，然后让我提出问题，我也说不出所以然，因为我对整体的知识框架是没有概念的。

说到这里，大家自然就能理解为什么越是"学霸"越能提出问题。因为"学霸"的已知范围在不断地扩充，当已知范围与整个知识大框架产生碰撞的时候，他们就能够产生新的想法和认知，就能够主动思考和学习，如图6.6所示。

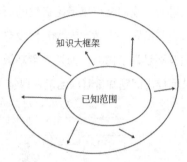

图6.6　已知范围向外扩充

这件事或许和前文提出的超纲学习相呼应。如果说我们预习的目的就是积极思考和明确具体的问题，那么只要我们不断扩充已知范围就可以了。例如，英语课本中有一章专门介绍有关"动物园"的话题，那么我们在预习时可以做的事情就是观察和"动物园"这个话题有关的知识点。我们可以参观动物园，观察动物的外观和习性，也可以通过阅读来提升认知。这样一来，当我们走到课堂中学习有关动物的英语表达时，脑海中就会产生画面，我们之前提出的"××（动物）的英语是什么""'喂动物'怎么说"等具体问题就有了相应的答案。再如，下一个单元要学习李白的诗，我们就可以提前了解李白的生平、写作的背景等。这样的预习超出了课本的范围，会更加生动、有趣且灵活。

当然，这种方式并不适用于所有学科，也并不是每次预习我们都要提前学习这么多内容，不然会加重我们预习的负担。但即便如此，这种预习方式无疑是一种非常好的拓宽知识面的方式，也会使我们的课堂听课效率更高。

> **Tips**
>
> 无论是预先测试还是超纲学习，我们要时刻记住预习的目的，即能够提出清晰、具体的问题，而提问的终极目的是使课堂学习更高效。

本章小结

◎ 这一章中讲了五个关于做作业的方法——复习秒杀法、多维输出法、"学霸"作业法、课后练习法和主动预习法。

◎ 每一种方法都有适用的人群,并不是适用于所有人。从中找到适合自己的方法并付诸实践,这才是最重要的。

思考与行动

◎ 你在做作业的过程中陷入过我讲过的误区吗?

◎ 从今天开始,你要如何调整做作业的方法呢?

第七章
实战：用费曼学习法轻松应对考试

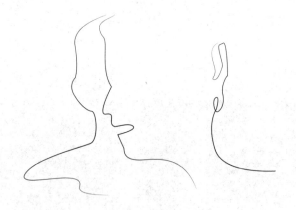

我发现，即便是平常状态挺好的学生，考前都会容易不淡定。常出现的极端做法有两种，要么拼命熬夜刷题，要么直接"躺平"什么也不做。这两种做法都会让他们陷入焦虑。拼命刷题的学生觉得自己已经这么努力了，如果这次考不好，那简直没有天理，随之各种负担接踵而至。"躺平"的学生看似很轻松，其实更多的是在麻痹自己，因为如果考不好，他们就可以说：不是"我"不行，而是"我"没用功，如果这次用点功，一定能考好。这本质上是一种逃避心态。

相信无论你目前是个学生还是已为人父母，都很容易理解考试给人带来的压力。关于考前要做些什么，很多学校的老师都会说。本章我想从费曼学习法的角度，结合本书中讨论过的一些好的学习方法，介绍一下在考试场景下我们应该如何做。这里我用"Q&A"的方式归纳了八大问题，并给出了八个考前锦囊，希望能帮助大家更好地避坑。

7.1 考前锦囊一：找准目标，有的放矢

问题：别人都说我的目标不切实际，怎样给自己定一个切合实际的目标呢？

雪梨老师：结合以往考试成绩，给自己设立一个踮一踮脚就能够得着的目标！

你在考试前会给自己设立目标吗？

在前文关于费曼学习法的介绍中，讨论过设立目标的重要性。一个合理的目标要遵循 SMART 原则，即具体的、可衡量的、可达到的、相关的、时间限制的，如图 7.1 所示。

图7.1　使用SMART原则设立目标

我见过两类学生，一类学生从来不设立目标，只有我反复问他们目标是什么，他们才会思考，他们也不是真的思考自己的小目标，只是为了避免尴尬，随便给我一个答案；另一类学生每次考前都会说自己这次要考××分，但是这个目标一看就是不可能完成的。

举例来说，2020年有个学生来咨询我，他托福考试一共考了十几次，但每次都是60多分（满分120分）。他说他大多数题都会做，没拿到分的原因是粗心、时间来不及、考试状态不好、周围有人打扰等，总之他就是不肯面对自己真正的问题——基础不扎实。我问他："你下一次考试给自己定的目标是多少分？"他张口就来："90分，至少85分吧。"结果，下一次考试他还是只考了60多分。

我帮他分析："托福一共有四项，听力、口语、阅读、写作，你要看一下自己每一项多少分，然后再制订策略。"

根据他以往的成绩，我们做了一个汇总表格，把每一项的分数都列了进去，然后进行了分析：阅读在15分上下；写作在17分上下；听力最差8分，最好18分，非常不稳定；口语连续6次都是20分，算是最稳定的。如果你对托福考试有一些了解，你就会知道，阅读、听力和写作都有巨大的提分空间，尤其是阅读和听力，但是口语想要突破 24 分是非常难的。这位学生口语已经能达到 20 分，我不建议他再在口语上努力，因为哪怕他考前一直在练口语，短期内最多也只能考到 24 分，只能涨 4 分。

那么阅读、听力和写作呢？我的建议是优先练习阅读，因为听力不稳定性很强，而且听力属于短期内靠刷题难以攻克的。写作是一个输出项目，如果阅读成绩不理想，说明单词、语法、句子理解都有问题，那么想要在输出项目拿分就更难了。所以，眼下通过背单词、学语法、练翻译，把阅读成绩提到 20 分以上是最可能在短期内实现的目标。然后他可以考虑提升听力，通过练习精听把基本功练扎实，下次目标可以定在 18 分，也就是保持好上限。这样的情况下，假设口语和写作的分数不变，他的总分就有 75 分了。这是一个踮一踮脚就能够得着的目标，如图 7.2 所示。

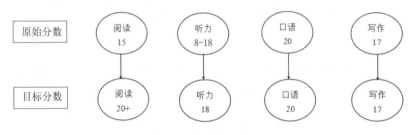

图7.2　考试目标制订

有了目标，又有了行动建议，接下来要做的就是把目标拆解到每天，一步一步踏踏实实地练习。

这位学生在接下来的一个月内主要集训阅读，经过一个月的努力，考到了 76 分，和我们之前的预估分数大差不差。可见，制订目标是要结合个体情况和考题情况做具体分析的，并不是拍拍脑袋随便想出来的。我们在考前最应该做的事情就是制订这次考试的目标，因为只有这样，接下来的行动才不会偏航，也就不会浪费大量的时间做无用功了。

> **Tips**
>
> 制订目标后一定要注意，一段时间内只做一件事，把这件事做好。很多人求快，一心想着遍地开花，结果没一件事能做好。

7.2 考前锦囊二：逐一梳理，稳中求胜

问题：考前几天，是不是就不需要再做题了？

雪梨老师：不是！逐一梳理，有针对性地训练，才能稳中求胜！

第一轮申请美国本科的截止日前半个月，我有个学生正在经历最后一次 SAT 刷分。她问我："最后这几天我是不是要减少复习的工作量？"我说："是的。"她又问我："最后这几天我是不是不需要再做题了？"我说："不是。"

费曼学习法强调对所学的知识进行系统化处理。经过处理，我们能够将碎片化的内容联系起来，深度理解之后形成自己的知识体系。

在考试前不要过度劳累，要注意休息，这是我提倡的。同时我也认为，适当地刷题很有必要，因为这有助于我们保持做题的感觉。

首先，我们要对考题类型进行梳理。拿 SAT 举例，有阅读、语法、数学和写作四个科目，每一个科目都有对应的考题类型和考点。因为这种考试是标准化的，虽然每次我们遇到的题目不同，但是考点和考题类型一共就那么多。在考前几天我们要做的就是将知识点"对号入座"，逐一梳理，最后我们会形成这样一种状态：看到一道题，就知道这道题考什么，对应哪些知识点。这样我们就能做到稳中求胜。

其次，在考前的冲刺阶段一定要诚实地面对自己，找到自己最薄弱的科目并分析原因。比如，我这个学生的所有科目中最薄弱的是语法，她其

实语法学得还不错，但是每次都会错 5~6 题，这对于一个容易拿满分的科目来说简直太可惜了。但是她总觉得自己都学会了，我之前带她整理的时候发现，虽然她每次错的考题类型看起来都不同，但是背后的知识点一共就十个。这十个知识点就算她都了解，也不是掌握得非常扎实，这时候就要坦诚地面对自己的不足，做针对性的训练。

很多学生考前刷题就是一套一套地刷，既不限时，也不整理。这么做实在是吃力不讨好，会浪费很多时间。对于一个成绩在中上游的学生来说，一套模拟卷中 70%~80% 的题都是他们能做对的，而且是他们非常熟悉的知识点，剩下的 20%~30% 的题才是考前刷题的重点。如果能够仅针对那薄弱的 20%~30% 的题进行针对性训练，就能事半功倍。但为什么很多人还会一套一套题刷呢？因为人最容易被自己欺骗，他们每次做完一套题后对答案时，会觉得自己能保持至少 70% 的正确率，还是不错的，说不定考试时正确率还会上升呢。这种想法是很危险的，我们务必小心，时时刻刻保持清醒，不要被自己欺骗。

> **Tips**
>
> 考前不刷题，就像在战场上把自己送到枪口堵子弹；考前过度刷题，就像用酒精麻痹自己，当下很快乐，第二天醒来还是会痛苦。

7.3 考前锦囊三：编织成网，厚积薄发

问题：都快考试了，画思维导图不是很浪费时间吗？我是不是应该把这些时间拿去刷题？

雪梨老师：考前绘制思维导图恰恰是对每个学科进行高度概括和整理。

我是一个很喜欢用思维导图的人，这非常符合费曼学习法的输出原则。

无论是写书还是备课，是准备演讲还是做汇报，我都会提前画一张思维导图，这样有助于我把所有要讲的东西系统地梳理出来。在讲的时候，我的大脑里只需要有一张思维导图就可以了。如果忘记了部分内容，通过思维导图也很容易想起来。

对于考生而言，思维导图也能起到类似的作用。我在之前的章节里倡导大家用思维导图对输入的知识点进行整理，并指出了画思维导图的误区。如果你真的实践过就会知道，画思维导图并不浪费时间，因为这样的输出过程和刷题一样，都是在复习。

考前几天我们更需要把每门课或每个学科学过的知识点画成一张思维导图，在脑海中过几遍。这时候学的知识往往比较多，不止一两课或一两个单元，很有可能是一整本书，如果是中、高考，就是学了好几年的内容。比如，我高考的时候，政治、历史、地理一共有18本书，如果我不用思维导图，那么知识点就会零散地分布在我的大脑中。我需要一张网，打得开、收得拢，网中的点与点相互关联，条理清晰，重点突出，方便我记忆。

要画思维导图，我们具体要怎么做呢？

我见过一些学生把标题抄下来，然后在每个标题下面抄上满满当当的字，这样做只会让我们很快厌倦画思维导图，因为这个过程枯燥又低效。要知道，思维导图的作用除了整理知识点，还有帮我们厘清哪些地方是我们已经很熟悉的，哪些地方是我们还很薄弱的或容易出错的。因此，我们可以根据学科的整体内容进行分块，如历史可以分为世界史、近现代史、古代史等，针对每一块再从课本上找对应的知识，一边回顾一边记录。我们还可以用不同颜色的字或图标标注自己不熟悉的、易错的、有疑问的考点。这样一来，等我们绘制完这张思维导图，就能发现自己的薄弱环节，然后有针对性地练习和巩固。

按照这种方法,我们就没必要把所有知识点抄进思维导图了。对于已经烂熟于心的知识点,我们只提取一些关键词写下来就行;而对于不熟的知识点或闭上眼睛很难回忆起来的知识点,我们就可以多写一些。

> **Tips**
>
> 古人常说"厚积薄发",从费曼学习法的角度而言,"厚"即积累,即大量输入;"薄"即整理,即网状输出,思维导图正是很好地体现了这个观点。

7.4 考前锦囊四:熟悉规则,快速提分

问题:我觉得我的语文阅读理解答得非常好,我把自己对文章的深刻想法都表述出来了,但是得分却很低,这太不公平了吧!

雪梨老师:对于一些应试类文科考试,"踩点"往往比"表述"更重要。

我们小时候学语文,学过很多说教的东西。我其实很欣赏中文的美,比如,读朱自清的《春》,当读到"吹面不寒杨柳风"时,我会觉得那种意境真是美如画。中文本就具有遮盖不住的光芒,它赋予人们天马行空的想象力,而这种想象力对于每个孩子而言都十分宝贵。

但欣赏归欣赏,我后来慢慢领悟到,考试并不是简单的欣赏,因为文科的主观题,如语文的阅读理解题,答案非常标准。如果我们在答题时各抒己见,就会给评卷人带来麻烦,因为他们很难说你的表述不对。说到底,像语文阅读理解这样的题目,答案的解释权归出题人所有,不归作者,因此不需要完全尊重原著。

这对包括我在内的很多文字爱好者而言是一个残酷的真相,但是我们

不得不遵循这样的规则。当我接触了更多元化的考试形式（如英语类的国际考试）后，我发现其实其他考试也一样如此。可以说世界上任何一场考试都需要标准化，因为考生人数多，阅卷工作时间紧、任务重，不少题目平均阅卷时间只有数十秒，这迫使评卷人不得不寻找一个标准化的答案来保持阅卷的相对公平。

这就需要我们在考前做一件事：整理过往做的主观题，快速熟悉答题规则，学会举一反三，从而快速提分。很多学校和培训老师会给学生提供"万能公式"，这也是一种"踩点"的方法，考前一定要拿出来多背一背，这样即便在考试的时候遇到不会答的题目，也不至于无从下笔。

此外，既然解释权归出题人所有，我们就要做到"知己知彼，百战不殆"。不管出题人是谁，他们都会严格遵循考纲。国内有课标，国外有官方指南，只要我们想，一定有办法提前了解考试的命题方法、命题角度、题目题型，这些就是需要我们考前花时间去梳理的。此外，一些真题中也会展现考试规律，所以对于过往我们做过的题目，除了整理错题，我们还可以对照答案梳理"答题标准"。如果说刷题和画思维导图是站在我们自己的角度去找薄弱点，那么回归到答题标准去总结出题规律就是了解"对手"，这样双管齐下，我们才能应对考试题目的千变万化。

> **Tips**
>
> 任何一场标准化的考试都是考生和出题人之间的博弈，在这场博弈中，考生如果想赢，就需要在考前牢牢把握命题规律，尊重规律，按规律去执行，把"对手"变成"队友"。

7.5 考前锦囊五：巩固基础，化难为易

问题：基础题太简单了，考前难道不应该多做一些难题吗？

雪梨老师：只有确保基础题不失分，总分才不会低，这是考试战略。

你有没有见过还没"走"好，就想着"跑"的人？这样的人在现实生活中太常见了，就拿我之前的很多备考 SAT 的学生来说，SAT 和中国高考一样，也属于标准化考试，所以每次考试中都会有一些固定套路的基础题，如语法部分几乎每次都会考查"主谓一致""名词单复数统一"等非常简单的知识点，但是很多学生在考前总会说："老师，你能不能给我一些难题，让我刷一下？"

在大部分人的认知中，难的东西才值得挑战，但问题是，如果基础的东西都没有学牢就一味地追求难题、偏题，往往会得不偿失。就像是盖一栋房子，地基还没有建好，就想着外部结构怎么美观、室内设计怎么精致，在我看来是一种本末倒置的行为。

不管是什么类型的标准化考试，基础知识都是考试重点，能占一套卷子的 70% 左右。而且一些基础题的考核形式非常有限，变化不会太大。所以，如果在考试中不能稳拿基础分，那会非常可惜。建议大家在考前的几天还是回到基础题，尤其是学困生更应如此。学困生本身就有很多知识漏洞，难题对于他们来说很难得分，因此我不建议学困生一整套一整套地刷题来打击自信心，反而应该先把基础题型吃透。对于中等生而言也是类似的道理，中等生可能有一些能力挑战难题，但是往往容易眼高手低，以为基础题肯定不会失分，但是据我粗略统计，绝大部分中等生都很容易在基础题上失分。究其原因，我认为是心态不对。对于"学霸"而言，基础题也依然重要。我见过不少"学霸"一味地钻研难题，考试的时候难题都答对了，却在很简单的题目上失了分，实在是非常可惜。如果问他们做错的原因，他们会一拍大腿，表现出一副"我怎么会这么不小心"的样子。我在之前的章节

里说过,粗心也是一种错题,应当整理到错题本上,考前拿出来反复看。

首先,在整理基础知识的过程中,我们要重视总结和归纳。错题本和思维导图都是我们可以拿出来反复用的好东西。其次,我们要回归课本。我见过大量的学生考前把书扔在一边,认为平时看过很多遍了,没什么好看的,其实不然。基础题都在书里,当我们学完一整本书,就相当于站在高处去看待曾经学过的知识,把它们联系起来,进行归纳和对比,非常有助于提高复习效率。

> **Tips**
>
> "罗马非一日建成",这句话不仅表达了坚持的重要性,还启发我们要踏踏实实一步一个脚印地走。每个人都想跑得快一点,但先学会稳稳地走才不会摔跤。

7.6 考前锦囊六:活用错题,二次梳理

问题:错题本上整理了太多错题,我真的要看吗?有意义吗?

雪梨老师:承认自己的漏洞,时刻对错题统一整理,才能保证不被同一块石头绊倒。

你喜欢列清单吗?你更享受一条一条添加的感觉,还是一条一条删除的感觉?

我是一个很喜欢列清单的人,既喜欢添加的感觉也喜欢删除的感觉,每次添加条目都会让我更清楚自己的方向是哪里,每次删除条目又会让我获得满满的成就感,因为这意味着我把每件规划好的事情都做完了。

我一直认为，错题本也有这样的作用。很多学生会跟我抱怨，说错题本上错题太多了，考试前宁愿刷题都不想多看它一眼。我特别想问："难道整理错题本的目的只是添加错题吗？你就不想把它们再一道道划掉吗？"

考前就是一个很好的划掉曾经的一道道错题的机会，当我们把那些错题从错题本中划掉，我们就成功地超越了自我，因为这个小小的动作意味着我们比曾经的自己更厉害了——以前会错的题目现在能做对了。从费曼学习法的角度而言，这是一个整理、复盘的过程。

除了划掉错题，我们还可以做这样一件事：用活页夹将日常练习、考试中遇到的错题分门别类地重新整理。我们整理错题通常都是在一次作业、练习或小测验之后，还从来没有完整地在错题之间建立关联。大考前把错题分门别类地进行整理，我们更容易从中发现自己哪一类题目反复出错，哪一类题目只是偶尔犯犯小错。这样一来，也会对自己有更清晰的定位。

除了错题本，试卷也是一个重要的复习资料，可以帮我们做二次梳理。因为阶段性测验中出现的题目在大考中可能还会再出现，所以如果我们对曾经犯过的错不加梳理，那么在大考中可能还会再犯。我就有过反复在同一块石头上绊倒的经历，后来我才知道，反复出错的知识点属于我的盲区，如果我不加反思，时刻内省并提醒自己，是非常容易再犯错的。

如果考前我们有10天的时间可以用来复习，那么我的建议是，前7天做"划掉错题"这个动作，最后3天总结剩下的错题，反思自己的知识漏洞，然后用一张张小卡片做最后的整理，考试前再多翻翻，多提醒自己。

> **Tips**
>
> 大考前的最后一个小时，通常学生们需要一些复习资料来激活大脑。比起一大沓的试卷和书本，小卡片是很好的工具。因为小卡片方便携带，而且能让我们的心态快速平静下来。

7.7 考前锦囊七:每日模拟,输出不减

问题:考试当天会很累,考前是不是要多休息休息,不要太辛苦?

雪梨老师:真正的高手会提前调整好状态,让身心都适应考试的节奏。

以我多年的考试经验和培训经验来看,一场大考通常从上午 9 点开始。也就是说,在考试当天,上午 9 点就要进入"战斗"状态。但我发现大多数学生在备考阶段都不喜欢按照这个时间来调整自己。他们大多复习到很晚甚至熬夜,导致考试当天的上午 9 点还处于半梦半醒的状态。有的学生会用咖啡刺激自己,但身体偏偏不听话,考试中间肚子疼、不舒服的情况时有发生。

在考前进行每日模拟,一方面是为了保证输出,另一方面可以把自己的状态调整到与考试同步。我在给学生做咨询辅导的过程中,会非常严格地要求学生按照大考的时间来备考。比如,托福考试的开始时间是上午 9 点,那么考前一周,上午 9 点就要准时坐在书桌前;托福考试第一个项目是阅读,然后是听力,中间休息 10 分钟后考口语和写作,备考也要按照单项的顺序来进行,中间不要随便暂停,哪怕上厕所、喝水都不行,因为考试的时候是没办法做这些的。这样坚持一周的"模拟考试",非常有助于大脑形成思维惯性,等真正上"战场"的时候,无论是在答题效率上还是在考试节奏上,都能应对自如。

你可能会质疑我,说自己是那种平常状态不佳,考试依然能集中注意力的人,因为模拟阶段心情很放松,考试时则会很紧张,所以自然会很精神。很多学生都有类似的想法,但我依然建议大家不要在这件事情上盲目自信。

马拉松运动员在比赛之前,都会做模拟训练。当然,他们不会每天都跑那么长的距离,而是会不断提高运动量。我有一个朋友是专业的跑步教练,他告诉我,在训练运动员的时候,一开始会让他们跑一个能适应的距离,

如 3000 米，然后每天加量，直到达到马拉松的公里数。这么来看，跑马拉松的人在"大考"前也会逐步加到和考试差不多的量级。

很多时候，我们在考场上感到精神振奋只是一种假象，它或许能够持续一会儿，如考试的前半个小时，但是不足以支撑我们"跑"完全程。我们都知道，大考的时间往往很长，国内的中、高考差不多持续 3 个小时，国外的考试也一样。面对这种"马拉松式"的考试，我们需要的状态不是在刚开始时用力，用百米冲刺的速度来跑，而是需要稳稳地前进，尽量保持一个节奏。这个节奏不是考试的时候突然产生的，而是在考前模拟的过程中逐渐培养出来的。所以，如果不提前找到这个节奏，一味地指望在考场上超常发挥，那么就算偶尔一次成功了，也只是"幸存者偏差"。

Tips

> 每日模拟是让自己保持"战斗"的状态，直到"战斗"结束。

7.8 考前锦囊八：万事俱备，从容应对

问题：我感觉自己太紧张了，有没有办法让我的心静下来？

雪梨老师：去试试冥想和情绪打卡吧！心态胜，则万胜！

之所以把心态放在这里讨论，是因为我认为好的心态才是考前最应该准备的，没有之一。

之前我有一个学生每次考试都紧张得"要命"，我问她为什么，她也说不上来。后来我发现，她妈妈总是给她有意无意地施压，希望她能重视每一次考试，当她妈妈看到她考前刷手机、玩电脑的时候，就会十分焦虑，她妈妈的焦虑直接传递给了她。我的另一个学生，在季前的最后一次大考

前，我问他是否紧张，他说还好。我很难得看到这么淡定的学生，就问他为什么不紧张，他说，从小他爸爸就告诉他，过程做好了，结果都顺其自然，过程永远比结果重要。可见，每个孩子都知道考试的重要性，有些时候考前的适当"躺平"，家长不必太在意，不要认为孩子"躺平"就是不重视。我见过成千上万的学生，哪怕是成绩很差的孩子，都希望自己考得好，所以他们无论正在做什么，其实心里都会有压力。他们短暂地"躺平"时，家长的焦虑情绪和催促的言语起不到任何积极作用，只会让情况变得更糟糕。

所以，我在这里呼吁所有的家长，请稳定好你们的心态。我在培训学生和给家长提供咨询的过程中，经常遇到极其焦虑的家长，每次我都会和他们说这样一句话："你稳了，你的周围也就稳了！"

可是很多父母做不到，很多孩子也做不到。不知道你是否见过一些家庭，父母没有给孩子很大的压力，但是孩子考试的时候依然心态不好，因为孩子的周围都是优秀的学生，这种竞争也会给孩子施加压力。针对这种情况，我给大家推荐一招——冥想。

这是一个非常好用的方法，市面上有很多免费或价格实惠的冥想小程序和App，做得都不错。从孩子上小学开始就可以带着孩子冥想，哪怕每天冥想5分钟、10分钟，坚持100天，一定会有收获。

除了冥想，我认为情绪打卡也是一个不错的方法。所谓情绪打卡，就是像每天写日志一样，把当天或开心或悲伤或焦虑或愤怒的事情记录下来，就像和一个好朋友倾诉那样。情绪宣泄的过程本身就可以解压，相信很多人都能意识到这一点。和冥想一样，每天坚持，让情绪得以宣泄，而不是堵塞和封闭在心里。

我有些朋友遇到不开心的事情喜欢自己处理，处理着处理着就觉得没事了。其实，坏情绪不会消失，它们只是被暂时封住了，说不定什么时候又会爆发出来。对于"学生党"而言，尤其是考试前，如果心理能量低、负面情绪多，无论准备得多完备，考试的时候也容易出问题。这也是为什么我希望无论是孩子还是家长都把心态调整好。

就我自己来说，我也有过非常焦虑的时候，以前是大考时，后来是工作时，再后来是创业时。每当我觉察到自己的心态开始往不好的方向发展时，我就会通过冥想和情绪打卡这两个方法，帮助自己渡过难关。有时候我连写东西的兴致都没有了，我就会去找朋友宣泄，本质上和情绪打卡的作用相似。我始终认为，心理能量高的人运气也不会差，万事都会朝着好的方向发展。

> **Tips**
>
> 我们生活在一个节奏极快的时代，难免会遇到各种各样的考验。稳住自己，轻装上阵，一切都会更好。

本章小结

◎ 考前关键动作：设立目标、输出、反思、调节。

◎ 设立目标是指考前给自己设定一个可以达到的目标，并且围绕这个目标去备考；输出包括适度刷题和画思维导图；反思指的是对错题重新整理，并回归课本，把握好基础题；调节包括让自己适应考试节奏，以及对心态进行调整放松。

思考与行动

◎ 你的考前状态如何？有哪些方面是你在阅读完本章之后想要调整的？

◎ 本章介绍的这些方法适合你吗？不确定的话，可以先逐个试一试看看效果。

> 第八章

用费曼学习法，从今天开始

"听过很多道理，却依然过不好这一生。"这句广为流传的话相信很多人都听过，并且深有感触。我想，在当下这样一个被各种自媒体、短视频充斥的时代，如果你正在读我的这本书，想必你一定是少数的"自燃者"。我猜你在平常就是一个乐于学习的人。如果你已为人父母，你一定希望将孩子培养得优秀。或许你曾经冥思苦想，不知道孩子学不好的原因到底是什么，所以你想通过学习改变这个现状。如果你是一个学生，你一定希望找到好的学习方法，让自己的成绩更上一层楼。

细心的你一定也发现了，我在写这本书的时候，并没有只针对学习方法本身来谈。虽然我将费曼学习法中的关键动作在不同场景中反复强调，但我更想表达的是，学习方法在一个人成为"学霸"的道路上只发挥一部分作用，任何一种学习方法必须与学习动力、学习习惯、心理能量、亲子关系等结合起来，才能发挥最大的作用。这也是虽然我多次强调费曼学习法的实用性，但依然多次强调与其相关的概念的原因。

8.1 我与费曼学习法

在从事教育工作的十余年里，我做了很多事，从前文的例子中想必你也看出来了，刚入行的时候，我只是一个小老师，日常的工作主要是教授考试方法和考试技巧。其实这并不复杂，因为对于任何一个标准化的考试，题型不会变化太多，真题刷来刷去也有一定的范围。那时候我常常思考教育工作的意义，思考如何将我的课堂效率提高，思考如何教给学生考试以外更多的东西。

那时候，费曼学习法帮到了我。我在了解到这个方法之后，立刻付诸教学实践中，一步步调整动作，在教学过程中思考它有趣的"玩法"。

入行第三年，我转型做了教育顾问，兼职授课。那时候我变得很忙碌，而且要做的事情也不再单一，但我很感谢自己跳出了舒适圈，这让我有机会更深入地了解一个个家庭，有机会和孩子深入地聊备考以外的事情，包括小时候的故事、成长中遇到的困难、喜欢和不喜欢的老师、暗恋的"女神"或"男神"。这个过程非常有趣，像听八卦似的。然后我就可以结合他们的故事，更好、更深入地帮助他们构思升学文书、设立升学目标、做好升学规划。同时，我也有机会和他们的父母聊一聊他们的家庭模式、工作状态、生活琐事、对孩子的期待等。这样一来，我能够在更广泛的层面上帮助一个家庭，测评孩子的学习状态、优势、心理、家庭关系，同时给孩子规划一条更适合他们发展的道路，包括大学专业的选择。

那时候，费曼学习法帮助了我。我时不时将当中的核心概念渗透给学生和家长，指导他们去实践。除此之外，我在工作中也会常常用到费曼学习法，进行大量的输出，如写公众号、写文案等。

2020年我创业了，在此之前我从未想过有一天自己会创业。创业的前两年我读了很多书，付费听了很多课，我比之前任何时候都更真切地感受到了自己的无知，世界上有太多我不知道的东西，所以我要去学习。从专业领域到商业模式再到身心发展，这一路上我学了很多，也思考了很多，最后我充分利用自己学到的知识去赋能前来咨询的学生和家长，我希望不仅能教给他们方法，还能带给他们认知和能量。

这时候，费曼学习法还是帮助了我。这一次它不仅让我将学到的东西很好地内化，让我以输出的形式赋能他人，更提升了我的学习力，即在变幻莫测的环境中，通过快速学习来解决问题、应对不确定性的能力。

你看，在人生的不同阶段，哪怕只掌握了一种方法，把它理解透并活学活用，就能打通任督二脉。

8.2 你与费曼学习法

学习是一个非常系统的工程，学习力更是未来社会中一个人核心的竞争力之一。未来学家埃德加·沙因曾说："未来的文盲不再是不认识字的人，而是没有学会怎样学习的人。随着人工智能的广泛运用，拥有极强学习力的人会变得更强，而没有学习力的人只会不断地被人超越，直到最后无法追赶。"

在学习力这个庞大的体系中，学习方法是其中重要的一环，而费曼学习法也被证实了是一种非常重要的学习方法。所以，无论你正处于怎样的状态，我都希望你能够从这个方法出发，一点点改进自己在学习上的动作。比如，你可以围绕着费曼学习法的关键词——目标、输入、消化、输出、复盘，思考自己在哪个环节做得不够好，然后结合实际情况做出调整。如果你是一个家长，在读完这本书后，你会知道自己哪里需要改进。比如，你可以更好地引导孩子，帮孩子提前做规划，重新定义孩子的优势和劣势，从中找到更适合孩子发展的道路。

很多人读了很多书，听了很多课，但依然不知道该怎么做。我认为这当中最大的原因是想得太多、做得太少。我在前文的每一个章节最后都设置了"思考和行动"板块，就是希望能够提醒你不要只是被动地接收我所输出的信息，还要消化、输出、复盘。

你看，这不正是费曼学习法的核心吗？

8.3 我们与费曼学习法

最后，衷心希望全天下的每一位父母掌握费曼学习法。当你们在各个场景中有意无意地使用费曼学习法的时候，其实已经开始摆脱从前死板、传统的育儿模式，你们会通过与孩子的亲密互动，看到孩子的成长和转变。

衷心祝愿每一个孩子前程似锦。无论今天的你是什么样子、成绩如何、是否受欢迎、是否找到了未来的发展方向，你都要相信，前途会是一片光明的。当你开始转变学习方式、找到自己的优势、改变内在动力，说明你正走在转变的路上。未来的"学霸"绝不只有在校成绩这一个衡量标准，它可以是多元的。孩子们，找到你们的人生使命，找到你们的路，然后一步一个脚印地去践行吧。